Christian Walter-Klose

Erfolgreiches Miteinander an inklusiven Schulen

Christian Walter-Klose

Erfolgreiches Miteinander an inklusiven Schulen

Tipps und Strategien für gemeinsames Lernen

Mit Online-Material

Christian Walter-Klose arbeitete von 2000 bis 2010 als Diplom-Psychologe in verschiedenen Einrichtungen mit Kindern, Jugendlichen und Erwachsenen mit Behinderung. Mit Beginn des Jahres 2010 unterrichtete er angehende Lehrkräfte für Sonderpädagogik an den Universitäten Würzburg und Leipzig. 2012 promovierte er in der Körperbehindertenpädagogik zum Thema Inklusion. Seit Oktober 2018 lehrt und forscht er an der Hochschule für Gesundheit in Bochum. Dort hat er die Professur »Behinderung und Inklusion« inne.

Dieses Buch ist erhältlich als:
ISBN 978-3-407-63060-5 Print
ISBN 978-3-407-63133-6 E-Book (PDF)

1. Auflage 2021

Lektorat: Christine Wiesenbach
Layout/Reihenkonzept: glas ag, Seeheim-Jugenheim
Illustrationen/Abbildungen Innenteil: Annette Walter (S. 34, 66, 110, 176), Sabine Willi (S. 150); Daniela Demharter (S. 159)
Umschlaggestaltung: Michael Matl
Umschlagabbildung: © gettyimages/Oksancia

Satz und Herstellung: Michael Matl
Druck und Bindung: Beltz Grafische Betriebe, Bad Langensalza
Printed in Germany

Weitere Informationen zu unseren Autor*innen und Titeln finden Sie unter: www.beltz.de

Inhalt

Die Tipps im Überblick

TIPP Nr.	Perspektive	Name	Thema	Schulform		Seite
				Primarstufe	Sekundarstufe	
#1	Perspektive Lehrkraft	Selfies	Kennenlernen	x	x	53
#2		Meine Haltung	Reflexion	x	x	56
#3		Mit verbundenen Augen durch die Schule	Selbsterfahrung	x	x	59
#4		Meine Stärken und Schwächen	Reflexion	x	x	62
#5	Perspektive Unterricht und außerunterrichtliche Aktivitäten	Eine Welt voller Gefühle	Gefühle mitteilen	x		65
#6		Das geheimnisvolle Leben des Apfels	Identität & Vielfalt		x	68
#7		Das Mutmachbuch	Potenziale und Empowerment	ab 4. Klasse	x	70
#8		Das Frage-und-Antwort-Spiel	Kennenlernen	x	x	77
#9		Das Klassengespräch	Behinderung thematisieren		x	79
#10		In den Schuhen der*des Anderen	Empathie & Perspektivwechsel		x	82
#11		Improvisation mit Musik und Bewegung	Musizieren und Tanzen	x	x	84
#12		Das Meister-Spiel	Potenziale kennenlernen	x	x	86
#13		Das Tastspiel	Gegenstände erfühlen und beschreiben	ab 2. Klasse	x	88
#14		Die Schule mit verbundenen Augen erkunden	Selbsterfahrung und Unterstützung	ab 4. Klasse	x	90
#15		Einfach sprechen!	Einfache Sprache	ab 4. Klasse	x	92
#16		Behindern	Diskriminierung erleben	ab 4. Klasse	x	94
#17		Fantasiereise zur Reduktion von Vorurteilen	Fantasiereise	ab 4. Klasse	x	96
#18		Die rasenden Reporter*innen	Vorurteile und Diskriminierung	ab 4. Klasse	x	99
#19		Ein gemeinsamer Elternabend	Kennenlernen	x	Sek I	102
#20		Stolpersteine	Übergang	x	Sek I	104
#21		Klassenrat	Umgang mit Konflikten	x	Sek I	109
#22		Hier bin ich zuhause!	Kennenlernen	x		111

TIPP Nr.	Perspektive	Name	Thema	Schulform		Seite
#23	Perspektive Unterricht und außerunterrichtliche Aktivitäten	Wochenabschlusskreis	Wochenreflexion	x	Sek I	113
#24		Eine gute Lösung	Streitschlichten	ab 3. Klasse	x	115
#25		Den anderen von der Palme holen	Deeskalation	ab 3. Klasse	x	117
#26		An den Rollstuhl fesseln	Sprache		x	119
#27		»Weiterrutschen darf, wer …«	Unterschiede & Gemeinsamkeiten	x	x	121
#28		Unsere Klasse	Klassenklima	X	Sek I	124
#29		Lieblingslieder rhythmisch untermalen	Gemeinsam Musizieren	x	x	127
#30		Speed-Dating	Gemeinsam Spiele spielen	x	x	130
#31		Spurensuche	Kooperation	x	x	132
#32		Begegnungen mit der Klangschale	Klang erleben	x	x	134
#33		Dalli Klick	Ratespiel	x	x	138
#34		Zirkus und Bewegungskünste	Bewegung & Akrobatik	x	x	140
#35		Le Parkour	Hindernislauf	x	x	143
#36		Der Orientierungslauf	Orientierungslauf	x	x	145
#37		Das Geburtstagsbuch	Kommunikation mit Symbolen	x		149
#38		Wheel-Soccer	Inklusiver Rollstuhlsport	x	x	151
#39		Soziale Medien und digitale Kommunikation	Digitale Medien	x	x	154
#40		Inklusionsassistenz und Schulbegleitung	Reflexion über Schulbegleitung	x	x	155
#41		Nagelbild	Klassenmotto gestalten	x	x	158
#42		Gemeinsamkeitenkarte	Gemeinsamkeiten in der Klasse	ab 4. Klasse	x	161
#43	Perspektive Schule	Schulabschlusskreis vor den Ferien	Veranstaltung zum Jahresende	x	x	164
#44		Meine Lieblingsorte	Barrieren und Ressourcen in der Schule	x	x	166
#45		Das Kleeblatt	Leitbild und Werte	x	x	168
#46		Der Lebensbaum	Werte	x	x	171
#47		Erfolgreich starten	Übergang von Kita zur Schule	x		172
#48		Soziales Miteinander in Pausen	Klassenleben in der Pause	x	x	174
#49		Starschnitt	Ressourcen und Potenziale	Ab 3. Klasse	x	176
#50		Basar der unterstützenden Dienste	Vernetzung und Kooperation	x	x	178

Die Arbeitsmaterialien im Überblick

1 Einleitung

Die gleichberechtigte Teilhabe im inklusiven Unterricht bei bestmöglicher Förderung aller Kinder und Jugendlichen ist das wesentliche Ziel schulischer Inklusion. Kinder mit und ohne Beeinträchtigungen, mit unterschiedlichen kulturellen, familiären oder religiösen Hintergründen oder sonstigen Persönlichkeitsmerkmalen erhalten ein gemeinsames Bildungsangebot und lernen – ganz natürlich – miteinander und voneinander. Die Vielfalt der Menschen bildet sich in einem Klassenraum ab, in dem ein Unterricht gehalten wird, der für alle Beteiligten individuelle Bildung und persönliche Weiterentwicklung ermöglicht.

Wie schön es ist, wenn das gemeinsame Lernen zu einer angenehmen Klassenatmosphäre führt, berichten die Kinder und Jugendlichen selbst, wenn sie nach positiven Momenten in gemeinsamen Lernsituationen gefragt werden. Leistungsbezogene Aspekte sind zwar wichtig, doch das Miteinander in der Klasse ist den Schüler*innen häufig noch weitaus wichtiger. Ein 17-jähriger Schüler mit körperlichen Beeinträchtigungen, der seit seiner 5. Klasse den gemeinsamen Unterricht besuchte und an einer Forschungsstudie zu Gelingensbedingungen schulischer Inklusion teilnahm, beschrieb das besondere des inklusiven Unterrichts folgendermaßen:

> *»Ich muss sagen, das mit Abstand Beste am gemeinsamen Unterricht ist [...], dass ... [die] Kinder gemeinsam Unterricht haben, gemeinsam ihre Zeit verbringen und ich glaub, das macht für beide Seiten viel aus. ... [Meine Mitschüler*innen] sind sensibler solchen Dingen gegenüber geworden. Ich finde, was Sozialkompetenzen angeht von beiden Seiten, hat das echt viel gebracht. [...] Man kann nicht Menschen in Schubladen stecken. Man kann nicht sagen, du bist gesund. Du bist intelligent. Du dumm« (Lelgemann, Lübbeke, Singer & Walter-Klose, 2012).*

Die Praxis zeigt dabei, dass eine förderliche soziale Lernatmosphäre in Schulklassen nicht automatisch entsteht – egal ob es sich dabei um eine Regelschule oder um eine inklusive Schule handelt. Ein gutes Klassenklima ist das Ergebnis der Bemühungen aller Beteiligten, der Lehrkräfte, der Schüler*innen, der Schulleitungen sowie der Eltern. Gerade den Lehrer*innen wird bei der Gestaltung der Lernumgebung eine besondere Verantwortung zuteil. Sie müssen sensibel für das soziale Geschehen sein, soziale Spannungen und Dynamiken erkennen und die beziehungsgestaltenden Wirkungen schulischer Organisations- und Handlungsformen reflektieren. Gasteiger-Klicpera und Klicpera (2008, S. 150f.) betonen in diesem Zusammenhang auf Grundlage ihrer Forschungen, dass Lehrende nicht davon ausgehen können, »dass schon allein durch einen gemeinsamen Unterricht in einer Schulklasse die sozialen Beziehungen zwischen den Schülern soweit gefördert werden, dass Freundschaften entstehen und längerfristige Kontakte zwischen Kindern mit und ohne Behinderung bestehen bleiben. Wenn ein gemeinsamer Unterricht von behinderten und nicht behinderten Kindern zu einer Stärkung von Freundschaften und zu einer tatsächlichen Gemeinschaft führen soll, so sind dafür vielfältige Bemühungen notwendig«, die – so lässt sich ergänzen – die Schüler*innen, ihre Eltern sowie die gesamte Schule in den Blick nehmen müssen.

In dem vorliegenden Buch wird ein systematischer Ansatz verfolgt, der den Leser*innen helfen soll, gewinnbringende soziale Situationen in der Schule zu gestalten, sodass Inklusion gelebt wird und Ausgrenzungsmechanismen abgebaut werden. Das Buch richtet sich an Lehr-, Fach- und Leitungskräfte sowie an Referendar*innen und Studierende. Im Sinne der Vielfalt werden Maßnahmen und Methoden für Kinder und Jugendliche aller Altersstufen vorgestellt und theoriebasiert eingeordnet. Stets geht es darum, die soziale Teilhabe von Kindern und Jugendlichen mit vielfältigen Kompetenzen und Beeinträchtigungen zu fördern.

In diesem Zusammenhang sei darauf verwiesen, dass im Buch die Begriffe Behinderung und Beeinträchtigung verwendet werden, wie sie in der Sozialgesetzgebung und in der Internationalen Klassifikation der Funktionsfähigkeit, Behinderung und Gesundheit definiert sind (Dimdi, 2005). Beide bezeichnen Folgen von Krankheiten oder Gesundheitsproblemen. Während mit dem Begriff der Beeinträchtigung Einschränkungen von Körperfunktionen und Aktivitäten einer Person bezeichnet werden, beinhaltet der Begriff Behinderung zudem die Beeinträchtigung der Teilhabe am Leben in der Gemeinschaft vor dem Hintergrund personenbezogene und umweltbezogener Faktoren (vgl. Walter-Klose, 2020a). Eine Behinderung entsteht in diesem Sinne, wenn eine Person mit einer körperlichen, seelischen, geistigen oder Sinnesbeeinträchtigung, auf eine physikalische oder auch soziale Umwelt trifft, die sie daran hindert, an Aktivitäten oder Lebensbereichen teilzuhaben, an denen sie teilhaben möchte. Nach dieser Definition bezieht Behinderung stets die soziale Dimension des Lernens ein: Vorurteile oder das soziale Klima in der Schule haben Einfluss auf die Teilhabe eines Kindes oder Jugendlichen in der Klasse und können somit zur Behinderung beitragen.

Viele Methoden wurden von Lehrenden für das Buch vorgeschlagen, die Erfahrung mit Kindern mit körperlichen, geistigen, seelischen und wahrnehmungsbezogenen Beeinträchtigungen haben. Andere wurden vom Autor selbst entwickelt, sodass sich ein umfassender Überblick über Handlungsmöglichkeiten ergibt, wie sich erfolgreiches Miteinander an inklusiven Schulen gestalten lässt. Auch wenn bei den Tipps und Methoden an Kinder und Jugendlichen in ihrer Vielfalt gedacht wurde, findet das Thema Behinderung und chronische Krankheit als roter Faden eine besondere Beachtung.

Zu einigen Methoden gibt es Materialien wie Arbeitsblätter, Bild-Wort-Karten oder einen Fragebogen. Diese finden Sie zum Download auf der Produktseite zum Buch auf www.beltz.de.

Wer sich einfach von den Tipps und Strategien anregen lassen will, kann mit dem Lesen sofort in Kapitel vier beginnen. Alle anderen werden nach Überlegungen zu dem, was Inklusion in Theorie und Praxis bedeutet, über Ausführungen zum sozialen Miteinander zunächst zum »Baukasten für erfolgreiches soziales Miteinander geführt«. Der Baukastengedanke meint dabei, dass sich die Leser*innen von grundlegenden Theorien und Modellen anregen lassen können und Prinzipien kennenlernen, die im inklusiven Setting das soziale Miteinander positiv beeinflussen. Der Baukasten weist auf wesentliche Merkmale hin, die Tipps und Strategien in inklusiven Klassen erfolgreich werden lassen. Dies Kapitel dient als Grundlage für alle die, die sich selbst Maßnahmen und Methoden für ihre individuelle, vielfältige Klasse überlegen und ableiten wollen.

2 Inklusion in Theorie und Praxis

Heutzutage ist der Inklusionsbegriff aus der Diskussion um schulische Bildung nicht mehr wegzudenken. Für die einen ist er ein positives Leitprinzip allen Handelns und Quelle von Motivation und Freude. Lehrkräfte, Schüler*innen und ihre Eltern schätzen, wenn ein Unterricht gestaltet wird, der den individuellen Bedürfnissen der unterschiedlichen Kinder und Jugendlichen gerecht wird. Wer gesehen hat, wie Inklusion in Klassen gelingt, kann dies bestätigen. Für andere wiederum ist er ein Schreckensgespenst, bei dem Lehrkräfte, Schüler*innen und Eltern verzweifeln und sich überfordert fühlen. Wer gesehen hat, wie Inklusion die Beteiligten in Nöte bringt, kann dies ebenfalls bestätigen und wünscht sich für die Betroffenen Hilfe und Unterstützung.

Inklusion ist in diesem Sinne etwas *Relationales*: Es geht um die *Passung von Lernbedingungen an die Vielfalt und Unterschiedlichkeit der Schüler*innen*. Je besser die Passung der Lernumgebung an die individuellen Lern- und Unterstützungsbedürfnisse der Kinder und Jugendlichen gelingt, desto positiver wird die Inklusion erlebt. Stimmt die Passung nicht, werden Kompensationsmaßnahmen aller Akteur*innen in der Schule notwendig, die zu Belastung und Erschöpfung führen können: Schüler*innen mit chronischen Krankheiten, die beispielsweise Schmerzen erleben, müssen sich sehr im Unterricht anstrengen, um dem Unterricht aufmerksam zu folgen, und ermüden deutlich schneller als ihre Mitschüler*innen. Auch Lehrkräfte fühlen sich belastet (manchmal auch überlastet), wenn sie merken, dass sie mit ihrem Unterricht die Schüler*innen nicht erreichen oder hilflos herausfordernden Verhaltensweisen gegenüberstehen.

Die besondere Herausforderung der Inklusion ist, dass eine einmalig hergestellte Passung von Schüler*in und Schule nicht von langfristiger Dauer ist. Inklusion ist nichts Statisches, sondern ein *dynamischer Prozess*. Die Dynamik ergibt sich aus den Entwicklungen der Lernenden sowie aus dem Prozess der Anpassung der Lernbedingungen, wie z. B. der Erfahrung der Lehrkräfte mit Heterogenität in der Klasse umzugehen. Betrachtet man beispielsweise das Handeln der Lehrkräfte in inklusiven Klassen, dann nutzen diese eine Vielfalt an Methoden wie Wochenplanarbeit mit individualisierten Arbeits- und Übungsaufgaben, Stationenarbeit und Stillarbeit, um »den Unterricht flexibel an das wahrnehmbare Lerngeschehen anzupassen, einzelnen Schülerinnen und Schülern geeignete Aufgaben und Arbeitsweisen zu bieten und auf Lernschwierigkeiten, die situativ auftreten, gezielt zu reagieren« (Kahlert & Kazianka-Schübel, 2016, 42). Mit Bezug zu diesem Vorgehen stellen die Autor*innen heraus, dass der inklusionsorientierte Unterricht nicht nur für Schüler*innen mit besonderem Unterstützungsbedarf von Vorteil ist, sondern für alle.

Die kontinuierliche Reflexion der Anpassung der Lernbedingungen an die Kompetenzen, Erfahrungen und Ressourcen eines Kindes drückt ein drittes Prinzip der Inklusion aus: Passungsprobleme müssen erkannt und behoben werden. In diesem Sinne lässt sich *Inklusion als Prozess des Lösungenfindens* beschreiben, in den alle Beteiligten einbezogen sind und – bei Bedarf – externe Ressourcen, z. B. Beratungslehrkräfte (Heil- und Sonderpädagog*innen, Inklusionsberater*innen) oder spezifische Fachstellen (z. B. Familien- und Erziehungsberatungsstellen, Fachkräfte aus dem Bereich der Medizin, Therapie oder Pflege) hinzugezogen werden. Die Bereitschaft, Lösungen zu suchen, ist ein essenzielles Merkmal der Inklusion, auf die sich eine konstruktive und offene Haltung für Inklusion positiv auswirkt. Gleichzeitig wird auch offensichtlich, dass Lösungen für eine sehr heterogene Schüler*innenschaft manchmal auch nur »bestmöglich« sein können, wenn räumliche Bedingungen nicht verändert oder aber unterschiedliche Bedürfnisse nur erschwert miteinander in Einklang gebracht werden können. Eine bergige Region bleibt für Menschen, die sich im Rollstuhl fortbewegen, eine Herausforderung. Personen, die viel erzählen, können Personen, die eher leise und ruhige Bedingungen brauchen, das Leben erschweren.

In diesem Sinne lässt sich abschließend sagen: *Inklusion ist nicht nur bunt und farbenfroh.* Wie in unserer demokratischen Gesellschaft mit vielfältigen und unterschiedlichen Menschen führt die Heterogenität zu Irritationen, die als Bereicherung oder auch als Störung erlebt werden können. Für die einen ist es beispielsweise spannend zu erfahren, dass Menschen ihre Religion anders leben als man selbst. Anderen fällt es schwer zu akzeptieren, dass Menschen (auch in Bildungseinrichtungen) Zeit für ihr persönliches Gebet brauchen. Auch im Hinblick auf politische oder ökologische Ansichten führt die Meinungsvielfalt zu Kontroversen: Während die einen sich für Klimaschutz und Urlaub in der Region engagieren, verbringen die anderen ihre Ferien genussvoll in Übersee. Im Zusammenhang mit Inklusion spielt die Wertschätzung von und Neugier auf Unterschiedlichkeit eine ebenso wichtige Rolle wie das Aushalten von ihr im Sinne von Toleranz und Kompromissfähigkeit.

2.1 Inklusion und die UN-Behindertenrechtskonvention

Mit der Ratifizierung der UN-Behindertenrechtskonvention wurde 2009 der Inklusionsbegriff in den deutschsprachigen Ländern weitläufig bekannt, wenn er auch bereits im Jahr 1994 auf der Konferenz von Salamanca Einzug in die pädagogische Fachdiskussion genommen hat. Es kam zu einer Erneuerung der Ausrichtung der Einbeziehung von Schüler*innen – nach der UN-Behindertenrechtskonvention vor allem mit Behinderung – in den Unterricht in den Regelschulen vor Ort.

Betrachtet man die UN-Behindertenrechtskonvention wurde diese notwendig, da trotz der allgemeinen Menschenrechts- und Kinderrechtskonvention die

Rechte von Menschen mit Behinderung zu häufig missachtet wurden, wie Leandro Despouy als UN-Sonderberichterstatter 1993 feststellte. In der Folge wurde die UN-Konvention über die Rechte von Menschen mit Behinderung erarbeitet und am 13. Dezember 2006 in New York einstimmig verabschiedet.

Die UN-Konvention reflektiert ergänzend zur allgemeinen Menschenrechtskonvention in 50 Artikeln die Menschenrechte im Kontext von Behinderung und konkretisiert u. a. die Grundsätze der Menschenwürde, der Selbstbestimmung, der Gleichberechtigung von Mann und Frau, der Grundsatz der Anerkennung der Unterschiedlichkeit von Menschen mit Behinderung, der umfassenden Teilhabe sowie den Grundsatz zum Schutz des Wohls des Kindes. Ein wesentlicher Gedanke der UN-Konvention ist die soziale Teilhabe von Menschen mit Behinderungen, die in keinem Lebensbereich aufgrund ihrer Behinderung ausgegrenzt werden dürfen. Bezogen auf den Bildungsbereich werden in Artikel 24 das Recht auf Bildung, der Zugang zum Bildungssystem sowie Erfordernisse des Bildungssystems benannt (vgl. United Nations, 2008).

Der Inklusionsbegriff wird in der UN-Behindertenrechtskonvention nicht eindeutig festgelegt, sodass er heutzutage vielfältig definiert und verstanden wird. Während er häufig als deskriptive Beschreibung für eine Situation verwendet wird, in die Menschen mit Behinderung in die Gemeinschaft einbezogen sind und an ihr teilhaben, sehen ihn andere nicht nur auf Menschen mit Behinderung sondern auf alle Menschen bezogen. Im pädagogischen Bereich wird zudem das prozesshafte Geschehen herausgestellt, wie es anfangs beschrieben wurde. Auch wird betont, dass mit Inklusion ein Ziel definiert wird, das in der Realität nicht dauerhaft und vollumfänglich ohne kontinuierliches Bemühen erreicht werden kann. Vielmehr soll Inklusion als Leitprinzip das Handeln an einer Vision ausrichten. Angelehnt an die menschenrechtlichen Überlegungen und die vorangestellten Ausführungen wird im vorliegenden Buch mit Inklusion das kontinuierliche Bemühen, die Umwelt an das Individuum anzupassen, herausgestellt (Walter-Klose, 2020b):

> Inklusion wird verstanden als ein menschenrechtlich begründeter Prozess der Veränderung und Anpassung eines Angebotes in Hinblick auf ein visionäres Ziel, nach dem alle Menschen in ihrer Unterschiedlichkeit jederzeit vollkommen gleichberechtigt und gleichwertig behandelt werden, sodass sie ihr Leben weitestgehend selbstbestimmt in der Gesellschaft leben können.

Mit dieser Definition bekommen Maßnahmen der Gestaltung inklusiver Lernwelten ihre Ausrichtung im Bildungskontext: In der Schule sollen alle Kinder in ihrer Unterschiedlichkeit gleichberechtigt und gleichwertig behandelt werden. Explizit wird in Artikel 24 gefordert, dass »Menschen mit Behinderungen gleichberechtigt mit anderen in der Gemeinschaft, in der sie leben, Zugang zu einem integrativen, hochwertigen und unentgeltlichen Unterricht an Grundschulen und weiterführenden Schulen haben« (2b) sowie »wirksame individuell angepasste Unterstützungsmaßnahmen in einem Umfeld [erhalten], das die bestmögliche schulische und soziale Entwicklung gestattet« (2e) (vgl. United Nations, 2008).

Die Tatsache, dass eine Person anders aussieht, sich anders bewegt oder andere Überzeugungen hat, soll ihre Bildungschancen nicht beeinträchtigen. Barrieren sollen reduziert und auch über den Einbezug externer Hilfen und Unterstützungsressourcen gleiche Lernbedingungen hergestellt werden. Eine Schülerin, die beispielsweise nicht sprechen kann, benötigt die Einbeziehung eines Sprachcomputers oder von Dolmetscher*innen, um die gleichen Ausgangsbedingungen wie ihre Mitschüler*innen zu haben.

2.2 Modell zur Qualität inklusiver Bildungsangebote

Mit dem Blick auf die Umsetzung von Inklusion und die Herstellung von Passungen wurden in den letzten Jahren vielfältige Bestrebungen in Praxis und Theorie unternommen, die als Anregung dienen, die eigene Gestaltung des inklusiven Lernangebots zu reflektieren.

So lassen sich eher praxisorientierte Bücher des Vereins Mittendrin (Mittendrin e.V. 2011, 2013) zur Gestaltung von Inklusion in Primar- und Sekundarstufe ebenso finden, wie die Beschreibung der Erfahrungen und theoretischen Grundlagen für Inklusion an der Inklusiven Universitätsschule Köln durch die Wissenschaftler*innen Reich, Asselhoven und Kargl (2015), in der vielfältige Leitlinien thematisiert werden, die schulstrukturelle Merkmale ebenso betreffen wie Inhalte, Werte und Haltungen. Weitere wissenschaftlich orientierte Konzepte zur Umsetzung von Inklusion lassen sich bei Moser (2013), Moser und Egger (2017) oder Heimlich und Kahlert (2014) finden. Alle Bücher geben Anregungen für die individuelle, inklusionsorientierte Gestaltung von Schulen.

Ähnlich verhält es sich mit empirischen Studien, in denen Gelingensbedingungen und Herausforderungen für inklusiven Unterricht thematisiert werden (z. B. Lelgemann et al., 2012; Kahlert & Kazinka-Schübel, 2016). Auch sie geben einen umfassenden Überblick über Prozesse und Strukturen an Schulen, die dazu beitragen, soziale Teilhabe und chancengleiche Entwicklungen zu ermöglichen. Im Zusammenhang mit der Analyse bestehender Erfahrung soll im Folgenden ein Modell vorgestellt werden, dass es erlaubt, Anpassungserfordernisse im Bereich schulischer und gesellschaftlicher Strukturen zu differenzieren. Es erleichtert die vielfältigen Befunde und Ansatzpunkte zu integrieren und Handlungen abzuleiten.

Versucht man wichtige Einflussgrößen in der Schule zu beschreiben, die Einfluss auf die schulische Inklusion haben, lassen sich neben der Unterrichtsgestaltung und des Fach- und Methodenwissens der Lehrkraft ebenso Einflüsse der Schule als Einrichtung mit ihrer Architektur und ihrer Schulleitung benennen wie

Einflüsse der Schulverwaltung und Gesellschaft. Auch spielen Begegnungen in der Pause zwischen den Kindern und Jugendlichen eine bedeutsame Rolle, die nur zu einem gewissen Maße von Lehrkräften beeinflusst werden können. Diese Überlegungen zeigen, dass eine Trennung der Ebenen hilfreich ist, wenn man Schule weiterentwickeln möchte, da nur ein Teil der Schulstrukturen und -prozesse von engagierten Lehrkräften beeinflussbar ist. Für andere ist gemeinsames Handeln der Lehrer*innenschaft, der Schulfamilie oder der Gesellschaft notwendig.

Urie Bronfenbrenner (1981) hat ein Modell entwickelt, mit dem er Rahmenbedingungen auf verschiedenen Ebenen benannt hat, die die kindliche Entwicklung beeinflussen. In seinem Ökosystemischen Ansatz unterscheidet er zwischen Mikro-, Meso-, Exo- und Makroystem, die auf die Entwicklung eines Kindes über die Zeit betrachtet einwirken (vgl. Abbildung 1). Mit dem Mikrosystem verband Bronfenbrenner z. B. das konkrete Umfeld, in dem ein Individuum mit seinen Fähigkeiten und Merkmale lebt. Die Schule ist ein derartiges Mikrosystem, in dem Schüler*innen mit ihrer Persönlichkeit mit Lehrkräften und der Schulausstattung in Wechselwirkung treten. Andere Microsysteme sind die Familie oder der Sportverein.

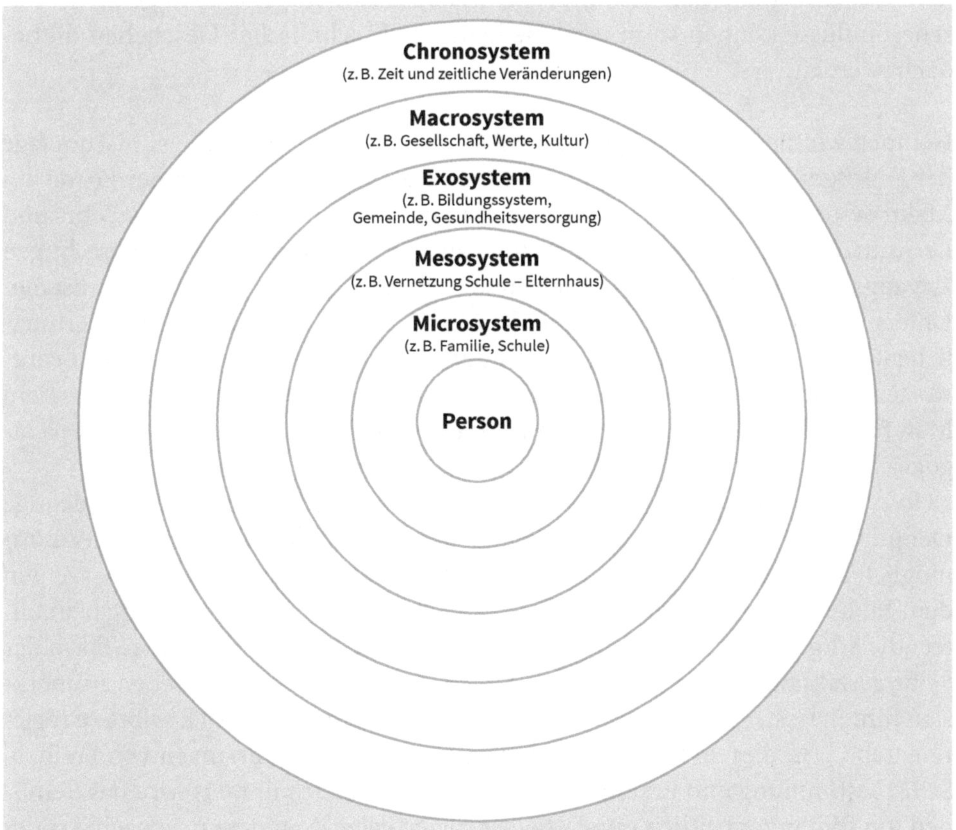

Abbildung 1: Das Ökosystemische Entwicklungsmodell von Bronfenbrenner (1981)

Auf der nächsten Ebene, die Bronfenbrenner als Mesosystem bezeichnet, sieht er die Vernetzung von Mikrosystemen, wie z. B. die Wechselbeziehungen zwischen Schule und Elternhaus, Schule und Sportverein, die für das Individuum von Bedeutung sind. Zu diesem System zählen alle Lebensbereiche, an denen das Individuum beteiligt ist.

Das Exosystem beschreibt Lebensbereiche, an denen das Individuum nicht direkt beteiligt ist, die aber das Leben und die Entwicklung des einzelnen beeinflussen können. Hier können beispielsweise Schulbehörden aufgeführt werde, die mit ihren Vorgaben das Leben des Kindes in der Schule beeinflussen.

Zu guter Letzt berücksichtigt Bronfenbrenner das Makrosystem, in dem kulturelle Werte und Normen als übergeordnete Einflussgrößen auf das Leben des Individuums zusammengefasst werden sowie das Chronosystem, das Entwicklungen über die Zeit Rechnung trägt.

Das Modell von Bronfenbrenner strukturiert Sozialisations- und Entwicklungsbedingungen für die*den Einzelne*n, die von Systemen, an denen sie*er in unterschiedlichem Ausmaß beteiligt ist, mitbeeinflusst werden. Werte und Normen der Gesellschaft sowie kulturelle, wissenschaftliche und auch gesetzgeberische Einflüsse können so in ihrer Bedeutung für schulisches Geschehen mitbedacht werden.

Nehmen wir die anfangs dargestellten Ausführungen zur Inklusion auf Grundlage der UN-Behindertenrechtskonvention stellen diese ein Einfluss auf der Ebene des Makrosystems dar, der die Interaktionen in der Schule beeinflusst. Die Lehr- und Lernsituation soll ebenso wie die Schule als Einrichtung einen gleichberechtigten Zugang und bestmögliche schulische und soziale Entwicklung mithilfe wirksamer Unterstützungsmaßnahmen für alle Kinder in ihrer Unterschiedlichkeit ermöglichen. Was allerdings bestmögliche Bildung ist, ist dabei nicht einfach zu beantworten. Einerseits können Leistungsentwicklungen, Noten, Schulabschlüsse ein Maß für Bildung darstellen, wenn auch diese dem Bildungsverständnis aus pädagogischer Sicht nicht gerecht werden.

In der Pädagogik ist der Bildungsbegriff schwer zu definieren. Eine eindeutige Definition von Bildung ist nach Dörpinghaus und Uphoff (2011, 56) nahezu unmöglich und auch Versuche, den Kern von Bildung nur kurz darzustellen, können dem Bildungsbegriff in seiner Spannweite nicht gerecht werden. Bildung beinhaltet »die Sorge um sich« (Dörpinghaus & Uphoff, 2011, 60) und ist eine »Form der Selbstgestaltung, die den Menschen auf vieles achten und ihn sein Leben aufmerksam führen lässt, und zwar als Praxis der Freiheit mit dem Ziel, sich selbst zu regieren« (ebd.). In diesem Sinne ist Bildung sehr eng mit dem Erlangen von Freiheit, Selbstbestimmung und Erkenntnis verbunden. In der Schulpraxis wird das Bemühen um Bildung inhaltlich durch die Lehrpläne gelenkt, in denen, je nach Art des

Lehrplans, Themen und Inhalte sowie Entwicklungsbereiche benannt sind – sie bilden einen kleinen Teil des skizzierten Bildungskonzepts ab.

Die Betrachtung einer bestmöglichen Entwicklung eines Kindes in einer Schule betrifft die Frage der Qualität schulischer Bildung. Der Begriff Qualität in der Bildung lässt sich im einfachsten Fall als Anwendung von Beurteilungskriterien auf einen Beurteilungsgegenstand beschreiben (Heid, 2009, 56). Qualität ist in diesem Sinne ein relativer Begriff, der die Beziehung »zwischen realisierter Beschaffenheit und geforderter Beschaffenheit« (Geiger & Kotte, 2008, 68) eines Merkmals charakterisiert und bezogen auf Bildung das Verhältnis von Anforderungen und die Erfüllung dieser Anforderungen beschreibt. Eine Gelingensbedingung ist in diesem Sinne ein Merkmal, das zum Erreichen der angestrebten Ziele und zur Qualität inklusiver schulischer Bildung beiträgt.

Auf der Grundlage des Modells von Bronfenbrenner sowie von Überlegungen zur Qualität schulischer Bildung, wie sie beispielsweise von Ditton (2000, 2009) angestellt wurden, soll im Folgenden ein Modell eingeführt werden, in dem neben den Ergebnissen schulischer Bildung auch Prozess- und Strukturmerkmale auf unterschiedlichen Systemebenen dargestellt sind. Es ist eine Weiterentwicklung eines früheren Modells von Walter-Klose (2012, 2015a) und ist in Abbildung 2 dargestellt.

Im Modell zur Qualität inklusiver Bildungsangebote steht die (An-)Passung von Unterricht an die vielfältigen Schüler*innen im Fokus, die derart gestaltet sein sollte, dass alle Schüler*innen einer Klasse sich bestmöglich im akademischen, sozialen, persönlichen und gesundheitsbezogenen Bereich entwickeln. Dies gilt für Schüler*innen mit Behinderung oder chronischen Krankheiten ebenso wie für Lernende mit Hochbegabung, Migrationshintergrund oder anderen Diversitätsmerkmalen. Alle sollen die gleichen Chancen haben, sich schulisch weiterzuentwickeln und gute Grundlagen für ihre langfristige Entwicklung im Bereich Ausbildung und Beruf zu erlangen. Negative Nebenwirkungen wie das Gefühl von Ausgrenzung und Diskriminierung sollten ebenso vermieden werden wie Prozesse, die negativ für die Gesundheit sind.

Die Anpassung der Schule an die Kompetenzen, Ressourcen und Bedarfe erfolgt durch den Unterricht, der von (Fach-)Lehrkräften gestaltet wird, und in dem Methoden und Strategien zum Einsatz kommen, die die Entwicklung jeder einzelnen Schülerin, jedes einzelnen Schülers bestmöglich unterstützen. Erfahrungen sowie Fach- und Methodenwissen sind hierfür ebenso unerlässlich wie Kooperationen mit anderen Lehrkräften, Heil- und Sonderpädagog*innen, Schulassistenzen, Eltern aber auch spezialisierten Unterstützungsdiensten wie z. B. Ärzt*innen und Therapeut*innen im Kontext Behinderung. Auch spielt das Schul- und Klassenleben außerhalb des Unterrichts eine große Bedeutung, wie z. B. Ausflüge oder Begegnungen auf dem Pausenhof.

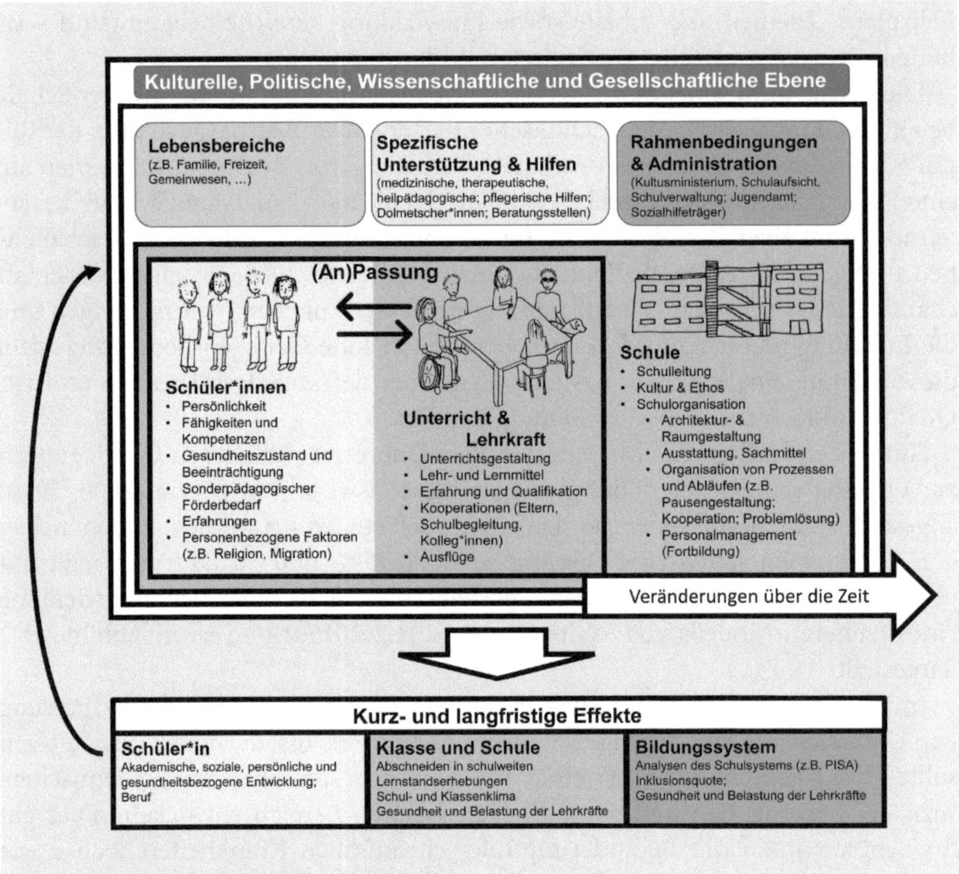

Abbildung 2: Modell zur Qualität inklusiver Bildungsangebote

Die Begegnungen der Schüler*innen in Unterricht und auf dem Schulgelände wiederum werden durch die Ressourcen, Barrieren und Regelungen der Schule als Einrichtung beeinflusst – beispielsweise, indem die Lehrer*innen durch die Schulleitung einer Klasse zugeordnet werden. Auch können Regelungen zur Pausenlänge oder zur Nutzung des Spielplatzes Begegnungen zwischen den Schüler*innen beeinflussen. In diesem Sinne ermöglichen und begrenzen die Mitglieder der Schulleitung und schulorganisatorische Strukturen und Prozesse die Inklusion und das Lernen in den Klassen.

Die Ebene der Schule lässt sich neben der Schulleitung und der Schulkultur in die Schulorganisation bzw. Schulstruktur unterteilen, wobei die Bereiche

- Architektur- und Raumgestaltung,
- Ausstattung und Sachmittel,
- Organisation von schulischen Prozessen und Abläufen und dem
- Personalmanagement unterschieden werden können.

Alle vier Ebenen beeinflussen die Inklusion an den Schulen und sind wichtig, wobei häufig vor allem eine *Barrierefreiheit der Schularchitektur* (z. B. Aufzüge und Rampen) sowie barrierefreie Toiletten herausgestellt werden. Gleichzeitig sind aber auch *spezifische Lernmittel* von Bedeutung – z. B. Landkarten, die Schüler*innen mit Sehschädigung taktil eine Vorstellung von Landschaften und Gebirgen vermitteln. Aber auch die *Organisation von Abläufen*, wie beispielsweise Festlegungen zur Stundenplanung oder aber die an vielen mehrstöckigen Schulen anzutreffende Gewohnheit, dass Erstklässler im Erdgeschoss zu unterrichten sind, beeinflussen das gemeinsame Lernen von Schüler*innen mit und ohne Behinderung. Letzteres wird offensichtlich, wenn ein Kind, das einen Rollstuhl zur Fortbewegung nutzt, bei einem Wechsel in die zweite Klasse, die in diesen Schulen traditionsgemäß häufig im zweiten Stock unterrichtet wird, in einer Schule mit Treppen nicht mehr am Unterricht teilnehmen kann. Hier werden Anpassungen der Gewohnheiten und Regeln notwendig. Der Einfluss der *Personalorganisation bzw. des Personalmanagements* als letzte Ebene der Schulorganisation betrifft die Möglichkeiten, wie Lehrkräfte mit ihren unterschiedlichen Erfahrungen und Kompetenzen im gemeinsamen Unterricht eingesetzt und ggf. durch weiteres (auch externes) Personal unterstützt werden. Ist ein Tandem-Lehrer*innenteam, das aus einer Lehrkraft für die Allgemeine Schule und einer für die Förderschule besteht, möglich?

Wie bereits anfangs angesprochen beeinflussen die Ebene der Lehrkraft und des Unterrichts sowie die Schulorganisation die Lehr- und Lernprozesse in der Schule. Sie können zu positiver Entwicklung der Schüler*innen beitragen oder diese beeinträchtigen. Weiterhin kann das Gelingen des schulischen Geschehens auch hinsichtlich der Klasse, der Schule und des Bildungssystems insgesamt bewertet werden. Gelingt es im Unterricht beispielsweise durch die Einbeziehung von Schulassistenzen ein Kind mit chronischen Krankheiten angemessen zu unterrichten und das soziale Miteinander zu fördern, wäre dies eine Gelingensbedingung mit Blick auf die Entwicklung aller Schüler*innen in der Klasse. Die gleiche Maßnahme kann darüber hinaus auch einen positiven Effekt auf die Entwicklung der gesamten Schule haben und mit Bezug zum Bildungssystem für höhere Inklusionsquoten sorgen.

Wie im Rahmen dieser kurzen Ausführungen deutlich werden konnte, lassen sich mithilfe des Modells die Bereiche der Ergebnis-, Prozess- und Strukturqualitäten in Schule und Unterricht abbilden. Das Modell berücksichtigt aber auch die soziale, administrative und gesellschaftliche Eingebundenheit von Schule und Unterricht. Es trägt damit dem Phänomen Rechnung, dass auch gerade Elternaktivitäten für das Lernen und die Inklusion von Bedeutung sind – indem diese z. B. bei Hausaufgaben unterstützen, in Krisensituationen zur Schule kommen, ihre Kinder mit Behinderung bei Ausflügen begleiten oder als Brücke zum medizinischen System Informationen zum Gesundheitszustand an die Lehrkräfte weitergeben (vgl. Walter-Klose, 2012). Auch wird mit der Nennung spezifischer Hilfen und Unterstützungssysteme darauf verwiesen, dass Dienste der Schulassistenz, Dolmetscher*innen, pflegerische oder behinderungsspezifische Angebote (z. B. von Therapeut*innen, Ärzt*innen) das Gelingen des gemeinsamen Lernens maßgeblich beeinflussen. Viele Kinder und Jugendliche mit Beeinträchtigung erhalten erst durch Inklusionsassistenzen die Möglichkeit am gemeinsamen Unterricht teilzunehmen. Ob und auf welche Art und Weise diese Unterstützungsdienste im Kontext Schule tätig werden können, hängt von gesetzgeberischen Vorgaben und Finanzierungsmöglichkeiten ab. Auch spielen schuladministrative Vorgaben eine zentrale ermöglichende oder limitierende Rolle für das Geschehen im Unterricht und in der Schule ebenso wie die gesellschaftlichen Rahmenbedingungen, die für Bronfenbrenner das Makrosystem darstellen. Engagiert sich die Gesellschaft für Vielfalt und den Abbau von Vorurteilen, kann dies auch das soziale Miteinander in den Klassen beeinflussen, wie im folgenden Kapitel erläutert wird.

3 Soziales Miteinander in inklusiven Klassen

Der Eintritt in die Schule eröffnet für die Kinder eine neue soziale Welt. Aus dem Kindergarten und der Kindertageseinrichtung kommend ist für viele Kinder der Wechsel in die Schule mit dem Wunsch verbunden, Lesen, Schreiben und Rechnen zu lernen. Neben den Eltern und dem Erziehungspersonal aus den vorschulischen Einrichtungen wird die Lehrkraft eine neue wichtige Bezugsperson.

Im Laufe der Schulzeit gewinnt die Freude, Mitschüler*innen zu treffen und Klassenkamerad*innen und Freund*innen zu begegnen zunehmend an Bedeutung. In den Pausen wird gemeinsam gespielt, geredet, gegessen und über den Schulhof gelaufen. Auch wird sich über Lehrkräfte und Mitlernende, Filme, Musik, Apps, Blogs oder Spiele unterhalten, über andere gelästert oder sich mit Kindern und Jugendlichen aus der Schule oder der Nachbarschaft gestritten. Auch entstehen Beziehungen, die in der Freizeit und häufig viele Jahre nach der Schulzeit bestehen und von den Beteiligten gepflegt werden.

Die soziale Welt in der Schule, der Kontakt mit den Mitschüler*innen und gemeinsame Aktivitäten sind für die Kinder und Jugendlichen essenziell und bedienen das Grundbedürfnis nach sozialer Teilhabe und Anerkennung und helfen mit, soziale Kompetenzen und die eigene Identität zu entwickeln. Dies ist ein Grund, warum soziales Lernen von vielen Eltern für ihre Kinder gewünscht und von Lehrkräften in ihrer besonderen Bedeutung für die soziale und persönliche Entwicklung der Kinder geschätzt wird. Im Folgenden soll die Bedeutung des sozialen Miteinanders aus unterschiedlichen Perspektiven dargestellt.

3.1 Der Mensch als soziales Wesen

Der Mensch ist ein soziales Wesen. Dies zeigt sich bereits in seinen ersten Tagen auf der Welt, wenn er auf Unterstützung von anderen, z. B. im Bereich Ernährung und Pflege, angewiesen ist. Auch ist er von Geburt an in besonderem Maße auf das soziale Miteinander vorbereitet: Schon kurz nach seiner Geburt macht das Neugeborene deutlich, dass es menschliche Stimmen vor anderen Lauten oder das menschliche Gesicht vor anderen Mustern bevorzugt (z. B. Schwarzer & Jovanovic, 2015). Auch die Bezugspersonen reagieren beim Anblick des Neugeborenen mit fürsorglichem Verhalten und sprechen in der Ammensprache – einer Sprache, die sich durch stark modulierte, wiederholende Lautsilben ausdrückt (Keller,

2011, 34). Sie halten ihr Kind in etwa einem Abstand von 30 cm vor ihrem Gesicht, wenn sie es vor dem Körper heben – ein Abstand, in dem die Neugeborenen am schärfsten sehen können. Betrachtet man die Interaktion zwischen Säugling und seinen Bezugspersonen fällt auf, dass die Erwachsenen das Kind intuitiv passgenau unterstützen: Ist es müde, wird es geschaukelt und die Stimme wird ruhiger und monotoner. Ist es wach und munter, verhalten sich die Eltern eher aktivierend und geben entsprechende Anregungen. Dieses intuitive Verhalten der Eltern ist optimal auf die Bedürfnisse und das Lernvermögen eines Babys abgestimmt, sodass Papoušek (2001, S. 31) von einer »intuitiven elterlichen Didaktik« spricht. Gelingt diese gemeinsame Interaktion, erleben dies sowohl die Eltern als auch das Kind als positiv. Schlägt sie fehl oder kommt es zu Problemen bei der Abstimmung, kann nach Papoušek ein Teufelskreis entstehen, bei dem das Kind zunehmend Unbehagen, z. B. durch Schreien, äußert, und die Eltern beginnen, an ihren Kompetenzen zu zweifeln.

Die frühe Interaktion zwischen Bezugsperson und Kind hat Einfluss auf das Gefühl der Bindungssicherheit, wobei die Arbeiten zur Bindungstheorie nach Bowlby zeigen, dass Kinder mit einer sicheren Bindung vermehrt die Umwelt erkunden und auch im späteren Leben mehr Sicherheit im Umgang mit anderen Menschen haben. Das Bedürfnis nach Bindung und Anerkennung durch andere ist ein psychologisches Grundbedürfnis des Menschen, wie Grawe (2004) hervorhebt.

Richtet man den Blick auf Kontakte zwischen Gleichaltrigen, lässt sich auch hier schon früh eine gegenseitige Bezugnahme feststellen. Bereits im ersten Lebensjahr finden erste Kontaktversuche untereinander statt: Kleinkinder interessieren sich für andere Säuglinge, versuchen sie anzulächeln, sich ihnen anzunähern und sie zu berühren (Simoni, 2004, S. 33; Viernickel, 2004, S. 6). Im Verlauf des zweiten Lebensjahrs gelingt es ihnen zunehmend, längerdauernde Interaktionen zu führen, welche von dem Interesse des Spiels, des Streits um gewünschte Objekte oder einem Interesse an Gemeinsamkeit geprägt sind (ebd., S. 11).

Mit zunehmendem Alter werden die Interaktionen aufgrund der zunehmenden Fähigkeiten im kognitiven, emotionalen, sprachlichen und motorischen Bereich zwischen den Kleinkindern komplexer und differenzierter. Kinder spielen nicht mehr nur noch nebeneinander, sondern können im Laufe der Entwicklung vermehrt aufeinander Bezug nehmen, kooperieren und gemeinsame Zeit mit Rollenspielen verbringen.

Aus Spielpartner*innen werden ab dem Alter von vier Jahren Freund*innen, die zunehmend wichtiger für die eigene Entwicklung werden: Freundschaften stärken den Selbstwert (»Es ist schön vom anderen als Freund*in auserwählt zu werden«) und sichern Anerkennung und Wertschätzung von Gleichaltrigen. Auch bieten Beziehungen und Freundschaften zwischen Gleichaltrigen die Möglichkeit, eigene soziale Kompetenzen zu erweitern und die Bedürfnisse von den Mitmenschen sensibler wahrzunehmen (z. B. Schneider & Hasselhorn, 2012). Weiterhin stellen sie eine wichtige Ressource für den Übergang vom Kindergarten zur Grundschule dar. Es ist einfacher, eine neue Bildungseinrichtung gemeinsam mit Freund*innen zu besuchen.

3.2 Impulse aus der Psychologie

Diese grundlegenden Ausführungen zu sozialen Beziehungen in früher Kindheit machen neben der Relevanz von positiv erlebten Interaktionen auch ihre Veränderung aus entwicklungspsychologischer Sicht deutlich: In dem Sinne, wie sich Kinder in allen ihren Kompetenzen und Fähigkeitsbereichen entwickeln, verändern sich auch die Möglichkeiten, Themen und Bedeutungen sozialer Beziehungen. Während die Kinder anfangs eher nebeneinander im Sandkasten, z. B. mit Schaufeln, spielen, verändern sich die Interessen im Laufe der Entwicklung und verschieben sich beispielsweise in Richtung Sport, Rollenspiele, kreatives Gestalten und Musizieren oder Technik. Auch verändern sich die Erwartungen an die Interaktionspartner*innen, wie in der Freundschaftsforschung gut untersucht ist. Selman (1981) beschreibt beispielsweise in seinem Freundschaftsmodell, dass die kognitive Fähigkeit der Perspektivenübernahme zu Änderungen in den Erwartungen an Freundschaften führt. Vom gemeinsamen Spielen ausgehend wird es zunehmend wichtig, das Freund*innen gemeinsame Interessen teilen und sich in die Perspektive des Gegenübers einfühlen.

Neben dem Gefühl, sich durch wichtige Bezugspersonen unterstützt zu fühlen, wie dies in der Bindungstheorie beschrieben wurde, und den Erfahrungen, von anderen als Freund*in gewählt zu werden, spielen soziale Beziehungstheorien für das Verständnis des sozialen Miteinanders eine wichtige Rolle.

Eine wichtige Beziehungstheorie, die hier kurz skizziert werden soll, ist die Austauschtheorie. Die Theorie beschreibt, dass Beziehungen sich durch eine Balance von Geben und Nehmen auszeichnen und Beziehungen, in denen ein*e Interaktionspartner*in über längere Zeit mehr investiert als die*der andere – nach marktwirtschaftlichen Prinzipien – abgebrochen werden. Eine Person stellt nach der Austauschtheorie Überlegungen an, in dem sie Einsatz und Effekt gegenüberstellt – ein Modell, dass aufgrund der Erfordernis differenzierter mathematischer und psychologischer Kalkulationen eher mit Beginn der Grundschulzeit eine Bedeutung bekommt.

Eine zweite Gruppe von Theorien, die an dieser Stelle kurz angesprochen werden sollen, entstammt aus der Sozialpsychologie und bezieht sich auf die Entwicklung der Identität über soziale Vergleiche. Sie dienen dazu zu erklären, wie Menschen sich im Austausch mit anderen selbst definieren. Fragen wie »Bin ich gleich gut, besser oder schlechter als meine Mitschüler*innen?« werden von Bedeutung. Festinger (1954) vertrat mit seiner Theorie des sozialen Vergleiches die Auffassung, dass Menschen ihre eigenen Fähigkeiten mit denen von anderen, ähnlichen Menschen vergleichen, um auf diese Weise Wissen über ihre Stärken und Schwächen zu erhalten. Tafjel und Turner (1979) betrachteten in ihrer Theorie der sozialen Identität, wie die Zugehörigkeit zu einer Gruppe den Selbstwert einer Person stärkt. Dabei ist die Gruppe, der man zugehört, in der Regel besser als eine parallele Gruppe, die vielleicht objektiv betrachtet gleichwertig ist. Um diesen Gedanken nachzuvollziehen, möchte ich Sie zu einem kleinen Gedankenspiel einladen: Wenn Sie sich an ihre Schulzeit in der sechsten Klasse erinnern: Welche Klasse war aus ihrer Sicht besser: Die 6a, der Sie zugehörten, oder die 6b – Ihre Parallelklasse? Die meisten Befragten stellen fest, dass ihre eigene Klasse die bessere war – ein Phänomen, das als Eigengruppenbias benannt wird und auch auf andere Gruppen übertragbar ist.

Wie anhand der Darstellung dieser wenigen Theorien gesehen werden kann, bietet die Bezugsdisziplin der Psychologie für die Pädagogik interessante und vielfältige Befunde, die für die Gestaltung sozialer Beziehungen von zentraler Bedeutung sind. Wer sich in diesen Zusammenhang vertieft mit den aufgeführten Prozessen beschäftigen möchte, sei auf die entwicklungs- und sozialpsychologische Fachliteratur verwiesen (z.B. Schmidt-Denter, 2005; Aronson, Wilson & Akert, 2014; Steins, 2014; Schneider & Lindenberger, 2018).

3.3 Soziales Miteinander in inklusiven Klassen

Es lebe die Vielfalt! Im Zusammenhang mit Inklusion wird die Bedeutung einer Haltung herausgestellt, die Menschen in ihrer Vielfalt und Unterschiedlichkeit respektiert und wertschätzt. Diese Haltung ist nicht nur einfach, denn auch Verhaltensweisen von Menschen, die man respektiert, sind nicht immer liebenswert. Das kann ein »Nicht-Benehmen« des eigenen Kindes ebenso sein, wie eine unterlassene Hilfestellung, z. B. wenn eine Person vorangeht und einem beim Betreten eines Raumes nicht die Tür aufhält. Noch schwieriger ist es, eine respektvolle Haltung bei Menschen umzusetzen, die konträre Werte vertreten oder sich von der Norm abweichend verhalten. Häufig beeinflussen Vorurteile und Stereotypen diese Begegnungen.

Mit Blick auf Kinder und Jugendliche mit Beeinträchtigung, die in diesem Buch besonders fokussiert werden, zeigt sich, dass das soziale Miteinander häufig nicht so einfach gelingt und Erschwernisse der Teilhabe ein Bestimmungsstück von Behinderung darstellen. So lautet die Behinderungsdefinition im deutschen Sozialrecht im §2 SGB IX, Absatz 1 folgendermaßen:

> *»Menschen mit Behinderungen sind Menschen, die körperliche, seelische, geistige oder Sinnesbeeinträchtigungen haben, die sie in Wechselwirkung mit einstellungs- und umweltbedingten Barrieren an der gleichberechtigten Teilhabe an der Gesellschaft mit hoher Wahrscheinlichkeit länger als sechs Monate hindern können.«*

Die Definition besteht aus vier Bestimmungsstücken:

- Es liegt eine körperliche, seelische, geistige oder Sinnesbeeinträchtigung vor.
- Diese führt zu einer Beeinträchtigung der gleichberechtigten Teilhabe an der Gesellschaft, die
- in Wechselwirkung mit einstellungs- und umweltbedingten Barrieren,
- mit hoher Wahrscheinlichkeit länger als sechs Monate dauert.

Eine Behinderung ist in diesem Sinne nicht allein eine längerfristige Beeinträchtigung körperlicher Funktionen und Strukturen oder das Angewiesensein auf Hilfsmittel. Vielmehr ist es von Bedeutung, dass eine Person, die die Kompetenzen und den Wunsch hat, an einem Lebensbereich teilzuhaben, aufgrund von Barrieren gehindert wird. Diese Barrieren können Einstellungen und Vorurteile ebenso sein wie räumliche oder architektonische Barrieren. Inklusion führt in diesem Sinne zu einer Reduktion der Barrieren und verbessert die gleichberechtigte Teilhabe.

Die Veränderung von Vorurteilen und Einstellungen, die Grundlage für diskriminierendes Verhalten sind, ist allerdings nicht einfach. Dies hat zum einem damit zu tun, dass Menschen sich die Welt vereinfachen, um sich besser in ihr zurechtzufinden. Das Stereotyp, dass ältere Menschen nicht lange und gut stehen können, kann beispielsweise dazu führen, dass ein jüngerer Mensch einem Älteren seinen Sitzplatz im Bus zu Verfügung stellt. Häufig freut sich das Gegenüber, d. h. die »Vereinfachungs-«Strategie war erfolgreich und die hilfsbereite Person konnte helfen. Doch kann es auch vorkommen, dass sich die ältere Person diskriminiert fühlt, da sie sich noch nicht »als ein so alter Mensch empfindet, der nicht mehr stehen kann«. Einstellungen und Vorurteile helfen in diesem Sinne, sich in einer komplexen, sozialen Welt zu orientieren und sich in ihr zurechtzufinden. Auch können sie dazu dienen, sich selbst zu positionieren und sich darzustellen, ähnlich wie dies bei den Gruppentheorien angesprochen wurde: Meine Einstellungen entsprechen denen von Menschen oder Gruppen, mit denen ich mich identifiziere. In diesem Sinne entstehen viele Einstellungen und Vorurteile auch durch die Sozialisation in Familie und Gesellschaft – manche von ihnen werden unreflektiert übernommen. Eine Veränderung von Einstellungen benötigt die Reflexion ihrer Funktionen.

Betrachtet man das gemeinsame Lernen zeigt sich, dass Kinder und Jugendliche mit Behinderung mit höherer Wahrscheinlichkeit Ausgrenzungsprozesse erleben, wenn keine besonderen Maßnahmen im Unterricht unternommen werden. Die wissenschaftliche Literatur zeigt hier beispielsweise, dass Kinder und Jugendliche mit Behinderung mit höherer Wahrscheinlichkeit weniger Freund*innen haben als gleichaltrige Mitlernende und in der Klasse weniger akzeptiert sind (z. B. Garrote, Dessemontet & Moser Opitz, 2017). Auch haben viele Schüler*innen mit Beeinträchtigung gelernt, sich mit einem geringeren Ausmaß an sozialer Wertschätzung abzufinden (vgl. Walter-Klose, 2012). Als Gründe lassen sich hier sowohl Vorurteile und Stereotype anführen als auch Folgen der im vorherigen Kapitel skizzierten Beziehungstheorien. Wenn man betrachtet, dass Kinder und Jugendliche mit Sprach- und Sprechstörungen, Intelligenzminderung oder Verhaltensauffälligkeiten besonders gefährdet sind, Ausgrenzungsprozesse zu erleben (vgl. Walter-Klose, 2012, 288), dann kann das – je nach Altersstufe – mit Interessen, Themen oder Perspektivenübernahmekompetenzen ebenso zu tun haben wie mit Prozessen des sozialen Vergleichs: Ich vergleiche mich mit einer Person, die schlechter in einem Kompetenzbereich ist, um mich aufzuwerten und von ihr abzugrenzen.

In den letzten Jahren wurden einige spannende wissenschaftliche Arbeiten verfasst, die auf Grundlage sozialer Prozesse Modelle und Handlungsmöglichkeiten für die Schule ableiten. Huber (2006) analysierte beispielsweise mit Bezug zu den Theorien des sozialen Vergleichs und den eben beschriebenen Abwertungsprozessen die Sozialstruktur in Grundschulklassen und fand, dass das Risiko für Diskriminierung bei Kindern mit sonderpädagogischem Förderbedarf rund dreimal höher war als bei den Mitschüler*innen ohne Förderbedarf. Der gleiche Autor stellt in einer neueren Publikation aus dem Jahr 2019 ein integriertes Rahmenmodell zur Förderung des sozialen Miteinanders in inklusiven Klassen vor. Auf Grundlage sozialpsychologischer Theorien, die beschreiben, dass Kontakt und Informationsdefizite negative Einstellungen bewirken, fehlende soziale Kompetenzen bei Schüler*innen mit und ohne Beeinträchtigung die Interaktionen erschweren sowie einer Theorie, dass Schüler*innen sich am Verhalten ihrer Lehrkräfte orientieren, entwickelt Huber (2019) differenzierte Handlungsmöglichkeiten: Um das soziale Miteinander von Kindern und Jugendlichen mit Beeinträchtigung zu fördern, sind Maßnahmen zur Förderung der Sozialkompetenzen aller Schüler*innen, z. B. durch Gruppenprogramme oder Regelungen im Unterricht ebenso umzusetzen wie ein Unterricht, der Kontakt und Austausch ermöglicht. Auch werden Methoden des kooperativen Lernens, der Wissensvermittlung oder aus Diversity-Trainingsprogrammen empfohlen. Das Verhalten der Lehrkraft sieht er zudem als wesentlich an, da dieses für die Schüler*innen als Referenz dient und die Schüler*innen Kompetenzen im Umgang mit Mitschüler*innen mit Beeinträchtigung lernen können.

Ebenfalls mit Bezug zu sozialpsychologischen Beziehungs- und Identitätstheorien beschrieb Walter-Klose (2016) vier Ebenen (Abbildung 3), mit denen das soziale Miteinander in inklusiven Klassen praxisnah unterstützt und Diskriminierung abgebaut werden kann. Auf vier Ebenen lassen sich Maßnahmen gestalten, die das soziale Miteinander fördern, und im Folgenden kurz skizziert werden.

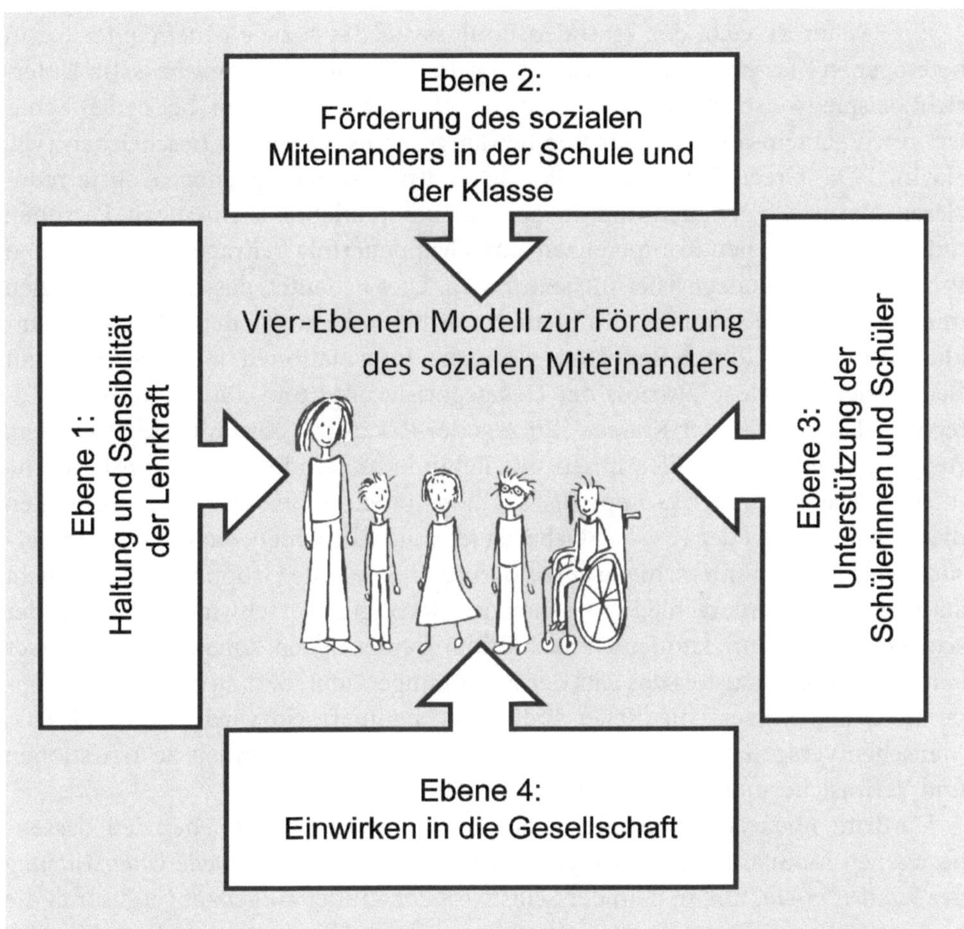

Abbildung 3: Vier Ebenen zur Förderung des sozialen Miteinanders nach Walter-Klose (2016)

Wie auch bei Huber wird in diesem Modell die *Bedeutung der Lehrkraft* für das soziale Miteinander herausgestellt, die mit ihrer Haltung einerseits als Vorbild und Modell für die Schüler*innen in der Klasse dient. Andererseits sind Offenheit und »soziale Feinfühligkeit« von Bedeutung, um sensibel die beziehungsgestaltende Wirkung des Klassengeschehens und des Unterrichts wahrzunehmen. Mit Blick auf den Unterricht beispielsweise definiert die Lehrkraft, welche Leistungen positiv und welche negativ bewertet werden. Betrachtet sie neben akademischen Leistungen und der richtigen Bearbeitung von Aufgaben auch soziale oder personenbezogenen Kompetenzen oder Leistungen für die Klassengemeinschaft als wertvoll, können diese ebenfalls Quelle von Lob und geäußerter Anerkennung sein. Auf diese Weise signalisiert die Lehrkraft der Klasse, dass alle Schüler*innen in ihrer Unterschiedlichkeit vielfältige Kompetenzen haben und diese für die Klasse wichtig sind.

Ein zweiter Bereich, der zentralen Einfluss auf das soziale Miteinander hat in heterogenen Klassen hat, ist die *Gestaltung des Schul- und Klassenlebens*. Im Unterricht beispielsweise ist die Bedeutung kooperativer Lernformen, bei denen Schüler*innen gemeinsam eine Aufgabe bewältigen müssen, häufig beschrieben (vgl. Slavin, 1995; Green & Green, 2005), da sie Kontakt ermöglichen, Ängste reduzieren, Vorurteile abbauen und die Schüler*innen erleben können, wie Personen mit unterschiedlichen Kompetenzen zum Gruppenerfolg beitragen. Auch können Prozesse der Neukategorisierung stattfinden. Dies bedeutet, dass Zuschreibungen und Stereotype wie »Du bist ein Mensch mit Behinderung« oder »Du bist ein Inklusionskind« z. B. durch Reflexionsgespräche, Informationen oder Gespräche mit Betroffenen aufgelöst (Prozess der Dekategorisierung) und durch eine neue Kategorie »Du bist Teil der Klasse« (Prozess der Rekategorisierung) ersetzt werden. Aus den Gruppen »Schüler*innen mit Behinderung« oder »Inklusionskindern« in einer Klasse und der Gruppe der »Schüler*innen ohne Behinderung« werden die »Schüler*innen der Klasse«. Dabei ist jedoch zu beachten, dass durch den Versuch, die Gruppenunterschiede aufzulösen und eine neue Gruppe zu bilden, nicht automatisch die Unterschiede zwischen den Beteiligten verschwinden. Jemand der schlecht laufen kann, kann auch nach Bildung einer neuen Kategorie nicht besser laufen. Vielmehr muss es das Ziel der Bemühungen sein, dass sich die neue Gruppe als Gruppe unterschiedlicher Individuen definiert. So wird es normal, dass Menschen verschieden sind, und auch, dass die Verschiedenheit zu Irritationen und Verunsicherung führen kann (vgl. Walter-Klose, 2016).

Die dritte Ebene, die im Modell angesprochen ist, beinhaltet neben den klassenbezogenen Maßnahmen des kooperativen Lernens die *individuelle Unterstützung der Schüler*innen*, z. B. in dem der Selbstwert der Kinder aufgebaut (und somit die Notwendigkeit von abwertenden Personenvergleichen reduziert wird) und Kinder mit Ausgrenzungserfahrungen Gesprächs- und Unterstützungsangebote erfahren. Zu diesem Bereich der individuellen Förderung lassen sich auch Maßnahmen rechnen, die die Entwicklung der sozialen Kompetenzen unterstützen: Wie interagiert man am besten mit Kindern mit schwerer Mehrfachbehinderung? Wie sagt man, wenn man etwas nicht mehr will? Wir verhält man sich in der Klasse, wenn man etwas sagen möchte?

Eine letzte Ebene im angesprochenen Modell betrifft die *Möglichkeiten der Lehrkraft, der Klasse und der Schule in die Gesellschaft einzuwirken* und für mehr Toleranz sowie für Inklusion zu werben. Erfolgreiche Schulen, erfolgreiche Klassen und erfolgreiche Lehrkräfte können hier als Modell über Chancen und das Bewältigen von Herausforderungen sprechen.

Insgesamt zeigen die hier skizzierten Befunde und Modelle, wie bedeutsam ein individualisierendes Vorgehen ist, bei dem die Stärken und Ressourcen aller Schüler*innen wahrgenommen und individuelle Lernangebote zur Verfügung gestellt werden. Gleichzeitig ist es essenziell, eine Lernsituation zu gestalten, in der Kompetenzen im Umgang mit Vielfalt und die Beiträge aller zum Klassengeschehen wertgeschätzt und gefördert werden. Nicht explizit angesprochen, aber mitgedacht, sind die Wirkungen sozialer Beziehungen, die in der Schule geknüpft werden und die in der Freizeit fortbestehen. Auch ist für Kinder und Jugendliche mit Behinderung zu beachten, dass aufgrund zusätzlicher Therapieerfordernisse oder ein Mehrbedarf an Erholungszeit nach der Schule diese eine besondere Bedeutung haben: Die sozialen Kontakte in der Schule sind für viele Kinder die einzigen, die sie zu Gleichaltrigen haben.

Wesentliche Prinzipien, die sich aus den Erfahrungen und wissenschaftlichen Befunden ergeben, werden im nachfolgenden Kapitel dargestellt.

3.4 Prinzipien zur Förderung des sozialen Miteinanders

Aus den Erkenntnissen der Sozialpsychologie und Inklusionspädagogik, wie sie in den vorherigen Kapiteln dargestellt wurden, lassen sich fünf wesentliche Prinzipien ableiten, die das soziale Miteinander in Schule und Klasse fördern. Ein sechstes Prinzip wird aus der Kommunikationswissenschaft ergänzt, denn ganz nach dem Motto »Tue Gutes und sprich darüber« unterstützt die Kommunikation Entwicklungsprozesse und hilft mit, die fünf Prinzipien in der Schule zu etablieren.

Die Prinzipien sind:

1) Ressourcen- und Lösungsorientierung
2) Anpassung der Umwelt und Barrierefreiheit
3) Kompetenz im Umgang mit Vielfalt
4) Zusammenhalt und Gemeinschaftssinn
5) Vernetzungen und Einbezug spezifischer Hilfen
6) Erfolgreiches soziales Miteinander sichtbar machen

Die sechs Prinzipien, die ein Kernstück des Buches bilden und an denen sich Lehrkräfte bei der Gestaltung erfolgreichen sozialen Miteinanders in inklusiven Klassen orientieren können, werden im Folgenden erläutert.

1) Ressourcen- und Lösungsorientierung

Das wohl wichtigste Prinzip, das eine gleichwertige Behandlung aller Beteiligten ermöglicht und bei vorliegenden Problemen im Alltag (ganz im Sinne der Inklusion) zu konstruktiven Lösungen beiträgt, ist die Umsetzung einer Ressourcen- und Lösungsorientierung. Ressourcenorientierung bedeutet, offen für die Möglichkeiten und Kompetenzen aller Schüler*innen einer Klasse zu sein und die Stärken und Fähigkeiten einer Person zu sehen. Vor allem, wenn man sich von einer einseitigen, rein auf Leistung fokussierten Bewertung der Kompetenzen einer Person löst, werden Stärken sichtbar. Manchmal hilft auch die Frage, in welchem Kontext eine vermeintliche Schwäche als Stärke zu beurteilen ist oder was der »gute Grund« für eine Verhaltensweise sein kann. Betrachtet man beispielsweise ein Verhalten, eine Person spielt den »Klassenkasper«, ist dies eine Verhaltensweise, die zwar den Unterricht stören mag, aber auf der anderen Seite (als guter Grund) auch Aufmerksamkeits- und Unterhaltungsbestrebungen der Klasse deutlich werden lässt. Die Person engagiert sich, wünscht sich soziale Bestätigung und setzt sich für das Miteinander in der Klasse ein. Diese Haltung der Ressourcenorientierung bedeutet nicht, das Verhalten, das möglicherweise die Lernsituation und Klassendisziplin stört, zu tolerieren. Aber es macht deutlich, welche Fähigkeiten eine Person hat, die in anderen Situationen, z. B. im Rahmen von Schulaufführungen, von Vorteil sein kann. Eine Problemverhalten wird zu einer Ressource für die Förderung des sozialen Miteinanders und damit für die ganze Klasse.

Als Teil der Ressourcenorientierung ist die Lösungsorientierung zu sehen. Mit Lösungsorientierung ist gemeint, bei Herausforderungen und Problemen nicht nur bei der »Problemsicht« zu bleiben, sondern sich für Lösungen der Probleme zu engagieren, um die Situation für die Beteiligten zu verbessern. Verbunden mit der Überzeugung, dass sich niemand Probleme schafft, weil er Lust auf Probleme hat, und der ressourcenorientierten Betrachtung, dass alle Beteiligten die Fähigkeiten haben, Probleme auch zu lösen, sollte die Lösungsfindung partizipativ erfolgen. Dies bedeutet, dass möglichst alle Betroffenen in die Lösungsfindung einbezogen werden.

Im Kontext von Inklusion ist das Bemühen um optimale Anpassung der Unterrichts- und Schulorganisationen und den Abbau von Barrieren als ein kontinuierlicher Problemlöseprozess zu verstehen. Thomas Hehir und Lauren Katzman (2012) stellen aus diesem Grund das Engagement für Problemlösungen als wichtiges Merkmal effektiver inklusiver Schulen heraus.

Für die Umsetzung in der Schule bedeutet eine ***ressourcen- und lösungsorientierte Haltung***:

→

- Bereit zu sein, jedes einzelne Kind, jede jugendliche Person mit ihren Stärken und Schwächen zu sehen.
- Überzeugt zu sein, dass jede Schülerin, jeder Schüler Stärken und Fähigkeiten hat, die ihr bzw. ihm helfen, das Leben zu meistern und die zu einem erfolgreichen sozialen Miteinander beitragen können.
- Um Ressourcen zu finden ist es erforderlich, rein leistungsbezogene Bewertungen von Kompetenzen um weitere Dimensionen zu erweitern. Im Kontext des sozialen Miteinanders ist eine Betrachtung von den Möglichkeiten einer Person in ihrer sozialen Bedeutung unerlässlich.
- Eine ressourcenorientierte Haltung bedeutet, den Beitrag jedes Kindes und Jugendlichen zur Klassengemeinschaft und zur Förderung des sozialen Miteinanders zu sehen.

- Weiterhin zeigt sich die Haltung in der Unterstützung von Schüler*innen, sich ihrer Stärken und Möglichkeiten der Beeinflussung der Umwelt bewusst zu werden und Angebote zu schaffen, die Fähigkeiten weiterzuentwickeln (Empowerment). Hierzu zählt insbesondere auch die Förderung der Selbstsicherheit.
- Im Schulalltag wird die Haltung der Lösungsorientierung in der Bereitschaft deutlich, bei Problemen Lösungen mit den Betroffenen zu suchen, die ebenfalls ihre Problemlöseressourcen in den Prozess einbringen. Partizipation ist für das Finden guter Lösungen unerlässlich.

2) Anpassung der Umwelt und Barrierefreiheit

Ausgehend von der Wahrnehmung der Schüler*innen mit ihren Fähigkeiten und Beeinträchtigungen in der Klasse befasst sich das zweite Prinzip mit dem Bemühen um Anpassung der Umwelt und den Abbau von den Barrieren. Dies betrifft alle Prozess- und Strukturmerkmale eines inklusiven Bildungsangebotes, wie z. B. die Architektur und Organisation der Schule, aber auch des Unterrichts (vgl. Kap. 2.2.). Eine zu kurze Pause kann beispielsweise dazu führen, dass Schüler*innen mit motorischen Beeinträchtigungen, die mehr Zeit für die Fortbewegung vom Klassenzimmer zum Fachraum oder zum Besuch der Toilette benötigen, zu spät in den Folgeunterricht kommen und deswegen weniger Lerninhalt mitbekommen. Auch führt diese schulorganisatorische Barriere dazu, dass die Schülerin bzw. der Schüler in der Klasse eine positiv (»Der Glückliche!«) oder negativ besetzte (»Der Arme!«, »Neid!«) Sonderrolle erhält.

Im Sinne der UN-Konvention sollen Schule und Unterricht derart gestaltet sein, dass alle Kinder und Jugendlichen in der Klasse ein gleichwertiges Angebot haben und ihnen gleiche Bildungschancen ermöglicht werden. Mit Blick auf das soziale Miteinander sind die beziehungsgestaltenden Wirkungen der Barrieren, wie im Beispiel gerade beschrieben, sowie die Anpassungen zu reflektieren. Dies bedeutet beispielsweise Nachteilsausgleiche als Ermöglichung gleicher Chancen zu benennen und Gefühlen von Neid und Eifersucht entgegenzuwirken. Eine Beispielerläuterung könnte sein:

> *»Einige in Eurer Klasse bekommen bei der Klassenarbeit zusätzliche Zeit. Diese bekommen sie nicht, damit sie es leichter haben als die anderen. Sie bekommen mehr Zeit, damit sie die gleichen Bedingungen haben wie alle.«*

Häufig wird hier das Bild der Kinder, die über einen Zaun schauen, genutzt: Damit alle darüber schauen können, benötigen einige Hilfen, um eine Gleichwertigkeit für die Zuschauer*innen herzustellen. Das Ausmaß der Hilfe, kann dabei zwischen den Personen unterschiedlich sein (Abbildung 4).

Abbildung 4: Gleichwertige Hilfe für vielfältige Menschen

Wie beschrieben fordert das Prinzip im Kontext des sozialen Miteinanders auf, neben den Zugangs- und Teilhabemöglichkeiten die sozialen Wirkungen der architektonischen Bedingungen und räumlichen Situationen zu reflektieren. Können sich alle Schüler*innen in einem Raum aufhalten und diesen als Begegnungsraum nutzen? Oder sind einzelne Schüler*innengruppen ausgeschlossen? In diesem Zusammenhang ist es häufig hilfreich, Schulstrukturen und Prozesse möglichst unter Einbeziehung spezialisierter Hilfen (z. B. Visualisierungen, einfache Sprache) barrierefrei zu gestalten.

Im Rahmen des Prinzips *Anpassung der Umwelt und Barrierefreiheit* geht es um folgende Punkte:

- Bemühen um gleichwertige Bedingungen für alle Schüler*innen, um gleiche Bildungschancen in leistungsbezogenen, sozialen und persönlichen Bereichen herzustellen.
- Gestaltung von Strukturen und Prozessen, die allen Personen in Klasse und Schule eine gleiche Nutzung ermöglichen.
- Nutzung von Nachteilsausgleichen und Anpassung von Bewertungs- bzw. Benotungsstrategien.
- Erkennen und Abbau von physikalischen und schulstrukturellen Barrieren (angemessene Klassengröße, Pausenlänge, Räumen von Schnee im Winter).
- Erkennen und Abbau von sozialen und psychologischen Barrieren (z. B. Vorurteile) durch Information, Kontakt, Rollenspiele und Maßnahmen zur Empathieförderung.
- Einbeziehung der Betroffenen in Prozesse des Abbaus von Barrieren.
- Anpassung der Sprache, sodass sie von allen verstanden werden kann.

- Einbezug von visuellen und akustischen Techniken sowie Ritualen, um Strukturen und Abläufe (multimodal) zu verdeutlichen.
- Einbezug spezialisierter Personen oder Dienste, um Barrieren zu reduzieren oder zu überwinden (z. B. Inklusionsassistenzen). Auf die Einbeziehung spezialisierter Hilfen wird aufgrund der Bedeutung für das soziale Miteinander später – beim fünften Prinzip – noch mal ausführlich eingegangen.

3) Kompetenz im Umgang mit Vielfalt

Neben den beiden bereits benannten Prinzipien soll mit dem Prinzip der Kompetenz im Umgang mit Vielfalt herausgestellt werden, dass Schüler*innen und andere Akteur*innen im Kontext Schule Kompetenzen im Umgang mit Inklusion und Heterogenität erwerben müssen.

Es geht dabei um die Haltung zu Inklusion und die Bereitschaft, diese ebenso wie Gedanken, Erfahrungen und Vorurteile gegenüber Mitschüler*innen zu reflektieren. Im Kontext von Behinderung kann beispielsweise bei wenig Vorerfahrungen mit dem Personenkreis das Vorurteil bestehen, dass das Leben eines Menschen mit Behinderung vor allem durch Leid und Kummer geprägt sei. Unreflektiert beeinflusst diese Einstellung die Beziehung zwischen den Schüler*innen, indem Mitleid entsteht, das zu Ungleichbehandlung und einer Sonderstellung in der Klasse führen kann: »Der arme Paul, den darf ich gerade nicht schimpfen (obwohl er sich blöd verhält), denn der hat es ja so schwer.«

Auch gehört zu einem kompetenten Umgang mit Vielfalt die Bereitschaft, auf vielfältige Menschen zuzugehen, bei Irritationen nachzufragen und soziale Kompetenzen zu entwickeln – beispielsweise, indem neue Kommunikationswege gelernt werden. Eine hilfreiche Strategie im Umgang mit Irritationen, Störungen oder Grenzüberschreitungen anderer kann in diesem Zusammenhang sein, zwischen der Person und dem Verhalten einer Person zu trennen: »Auch wenn Lisa in einer Unterrichtssituation die Mitschüler*innen stört und dies Verhalten nicht zu tolerieren ist, ist Lisa als Mensch eine wertvolle Person.«

Zu guter Letzt ist im Zusammenhang mit der Kompetenz im Umgang mit Vielfalt auch wieder die Stärkung der Selbstsicherheit der Schüler*innen wichtig, um den Mut zu haben, Dinge nachzufragen und Grenzen aufzuzeigen.

Um erfolgreiche Lernsituationen zu gestalten, benötigen Lehrkräfte zusätzliches Fach- und Methodenwissen im Umgang mit einer heterogenen Schüler*innenschaft sowie eine Sensibilität für soziale Prozesse. Auch spielt die Selbstreflexion eine entscheidende Rolle, da Vorurteile und Eigenerfahrungen in den Interaktionen mit den Schüler*innen von Bedeutung sind und diese sonst als Modell für die Klasse dienen können.

Maßnahmen zur Förderung der *Kompetenz im Umgang mit Vielfalt* sind in diesem Sinne:

- Offenheit und Neugier im Hinblick auf Unterschiede und Gemeinsamkeiten einer heterogenen Schüler*innenschaft entwickeln.
- Mit der eigenen Haltung und Vorerfahrungen mit Inklusion und Behinderung auseinandersetzen.
- Begegnungssituationen, in denen sich die Beteiligten insgesamt sicher fühlen und Irritationen und Verunsicherungen im Nachhinein thematisiert und angesprochen werden können, gestalten.
- Wissen über Prozesse der Ausgrenzung und Kenntnisse von Möglichkeiten erlangen, Ausgrenzungen in der Klasse zu begegnen. Dies sind Methoden, die auf Handeln (insbesondere auf Kooperation, Kontakt, Empathietraining, Entwicklung sozialer Kompetenzen) beruhen und mit Selbstreflexion verbunden sind.
- Für Lehrkräfte ist Fach- und Methodenwissen zur Gestaltung des Kompetenzerwerbs für die Schüler*innen ebenso wichtig wie eine Reflexion der eigenen Haltung.

4) Zusammenhalt und Gemeinschaftssinn

Mit Blick auf die Gestaltung des sozialen Miteinanders sind neben einer speziellen Kompetenz im Umgang mit Vielfalt auch Maßnahmen notwendig, die den Zusammenhalt und den Gemeinschaftssinn in Unterricht und Schule explizit fördern. Während die vorhergehende Strategie in diesem Sinne auf die Kompetenz im Umgang mit Unterschiedlichkeit fokussiert, richtet das Prinzip Zusammenhalt und Gemeinschaftssinn den Blick auf das Verbindende: Wir sind eine Klasse mit vielen Individuen!

Um ein Gemeinschaftsgefühl zu fördern, lassen sich Maßnahmen und Strategien anführen, die dafür sorgen, dass die Schüler*innen erleben, dass alle Mitglieder der Klasse einen wichtigen Beitrag zur Klassengemeinschaft leisten und das alle Schüler*innen Verantwortung für die Klasse übernehmen müssen. Es ist weiterhin wichtig, sensibel für soziale Prozesse zu sein und sich für die Klassengemeinschaft zu engagieren. Dazu kann es auch gehören, einzelnen Personen in der Klasse zu helfen.

Für Lehrkräfte sind in diesem Zusammenhang die bereits beschriebenen Maßnahmen des kooperativen Lernens wichtige hilfreiche Methoden, wobei beachtet werden sollte, dass die Gruppen im Unterricht immer wieder gemischt werden oder nicht nur eine Person als dauerhafte*r Patin*Pate einer Mitschüler*in zugeordnet ist. Auch lassen sich Maßnahmen zur Bildung einer Klassenidentität anführen, indem bei jüngeren Schüler*innen ein gemeinsames Klassenmotto entwickelt wird oder mit älteren Schüler*innen gemeinsame identitätsbildende Aktionen (z. B. die Klasse hilft gemeinsam oder setzt sich für Minderheiten in der Gesellschaft ein) unternommen werden. Aus der Sozialpsychologie lassen sich zudem Maßnahmen der Neukategorisierung anführen, die das Gemeinsame zwischen den Mitgliedern der Klasse herausstellen und weniger auf die Unterschiede (insbesondere von Minderheiten) fokussieren.

Für Klasse und Schule können folgende Perspektiven die Umsetzung von Zusammenhalt und Gemeinschaftssinn fördern:

- Gruppenbildende Maßnahmen, die den Gemeinschaftssinn fördern und die deutlich machen, dass jede Person für die Klasse bzw. Schule wichtig ist und Verantwortung trägt.
- Aufgaben, die Kooperation erfordern, Begegnungen ermöglichen und bei denen jeder zur Bewältigung beitragen kann.
- Offenheit und Wertschätzung gegenüber neuen Mitschüler*innen und Methoden, die helfen, sich besser untereinander kennenzulernen.
- Kommunikation über Gruppenbildung und Ausgrenzung in der Klasse bzw. Schule.

5) Vernetzungen und Einbezug spezifischer Hilfen

Theorie und Praxis zeigen, dass eine inklusive Klasse ermöglicht, vielfältige und unterschiedliche Schüler*innen kennenzulernen, die, besonders im Kontext von Behinderung und chronischen Krankheiten, häufig auf spezialisierte Hilfen und Unterstützungsmethoden angewiesen sind. Diese Hilfen können einerseits zur Unterstützung der Umweltanpassung und Barrierefreiheit dienen, andererseits aber auch das Entwickeln einer Kompetenz für Vielfalt sowie Zusammenhalt fördern. Manchmal ermöglichen sie erst, dass eine Person überhaupt am Unterricht teilhaben kann, wenn man beispielsweise an Inklusionsassistenzen, Pflegekräfte (z. B. für Medikamentengabe, Beatmungsgeräte), Gebärdendolmetscher*innen oder Technologien (wie z. B. Beatmungsgeräte, Notfallsprays, FM-Anlagen, Bildschirmlesegeräte oder Rollstühle) denkt. Neben diesen spezialisierten Hilfs- und Fachkräften sowie Technologien und Hilfsmitteln sind für andere Schüler*innen spezifische (heil- und sonder-)pädagogische Verfahren notwendig. Dies können z. B. die bereits benannte einfache Sprache sein, die Braille-Schrift oder Strukturierungshilfen nach TEACCH, die Schüler*innen mit einer Seheinschränkung bzw. mit Autismus Orientierung und Sicherheit bieten können. Auch benötigen einige Kinder und Jugendliche eine spezielle Gestaltung des Arbeitsplatzes, um konzentriert und beschwerdefrei im Unterricht mitarbeiten zu können. Hierfür ist möglicherweise Beratung und Begleitung durch Physio- oder Ergotherapeut*innen unerlässlich.

Alle diese Ausführungen machen deutlich, dass eine Lehrperson alleine all dieses Wissen nicht besitzen kann. Sie ist auf Kooperation und Vernetzungen mit Fachkolleg*innen und spezialisierten Diensten im Kontext Medizin, Therapie, Inklusion oder Sonderpädagogik angewiesen. Auch benötigt sie, insbesondere mit dem Blick auf die Gestaltung von Lehr- und Lernsituationen, Beratung, wie die spezifischen Methoden im Unterricht angewendet werden können. Ansonsten bleiben viele Hilfestellungen und Hilfstechnologien »Außerirdische in der Schule«, wie eine schwedische Forscher*innengruppe festgestellt hat (Hemmingsson, Lidström & Nygård, 2009, 468).

Eltern und Erziehungsberechtigte bringen bereits viel Fach- und Methodenkompetenzen im pflegerischen, therapeutischen und im medizinischen Bereich über ihr Kind mit seiner individuellen Beeinträchtigung mit. Auch bestehen Vorerfahrungen mit pädagogischen Angeboten, sodass eine kontinuierliche (und meistens über das gewohnte Ausmaß an Kooperation) bestehende Zusammenarbeit im Kontext Inklusion unerlässlich ist. Die Erziehungsberechtigten sind die Brücke zum therapeutischen und medizinischen System und berichten von Anpassungen bei Medikamenten oder Notfallprozeduren. Um dieses Wissen auch im Kollegium der Lehrenden weiterzugeben, können spezifische Dokumentationen (z. B. Walter-Klose, 2015b) sowie die Zusammenarbeit mit Kolleg*innen erforderlich sein.

Neben der Notwendigkeit spezieller Hilfen, die den Schulbesuch ermöglichen, kann der Einsatz spezialisierter Dienste und Methoden neben positiven auch negative Wirkungen auf die soziale Teilhabe haben. Ein Computer, den ein*e Schüler*in beispielsweise im Unterricht zur Kommunikation nutzt, kann einerseits die Kommunikation erleichtern, andererseits aber auch Grund für Neid und Auseinandersetzung in der Klasse sein. Bei Inklusionsassistenz sind ebenfalls Wirkung und Nebenwirkungen zu beobachten, wie später bei *TIPP #40: Inklusionsassistenz und Schulbegleitung* ausgeführt wird.

Folgende Maßnahmen der Kooperation mit und des Einbezugs von spezialisierten Hilfen können die soziale Teilhabe in Schule und Unterricht erleichtern:

- Austausch und Kooperationen mit Kolleg*innen in und außerhalb der Schule über Möglichkeiten und Ansätze der Förderung der sozialen Teilhabe.
- Nutzung spezialisierter Beratungsangebote zur Förderung des sozialen Miteinanders (z. B. Inklusionsberatung).
- Nutzung spezialisierter Beratungsangebote zu den Auswirkungen von Beeinträchtigungen, Krankheiten und Behinderung auf das Leben und Lernen in der Schule.
- Kennenlernen und Einsetzen von spezialisierten Techniken im Kontext von Behinderung (technische Hilfen, z. B. im Bereich Kommunikation, Motorik oder Alltagsgestaltung; Visualisierungs- und Strukturierungshilfen).
- Einbezug spezieller Hilfen in den Unterricht und Schule.
- Etablierung regelmäßiger Austauschtreffen und Absprachen mit den Erziehungsberechtigten.
- Reflexion der Auswirkungen der Hilfen auf das soziale Miteinander.
- Thematisierung der Notwendigkeit spezieller Hilfen im Unterricht, damit alle Schüler*innen die Bedeutung erkennen. Vorstellen der Hilfen durch die Schüler*innen, die die Hilfen benötigen.

- Simulation von Behinderung und Nutzung der speziellen Hilfen im Rahmen der Selbsterfahrung.
- Besuch von speziellen Unterstützungsdiensten.
- Gespräche mit Betroffenen, z. B. aus der Selbsthilfe.

6) Erfolgreiches soziales Miteinander sichtbar machen

Ein letztes Prinzip, das hier im Buch Grundlage für die Förderung des sozialen Miteinanders in inklusiven Klassen darstellt, dient dem Zweck, die Ziele, Werte und Methoden der Bemühungen präsent zu halten. Auf diese Weise erhalten Schüler*innen, Lehrkräfte und Schulleitungen einerseits Rückmeldung, wenn ihre Bemühungen Erfolg hatten. Andererseits sorgt das Sprechen über grundlegende Werte, gemeinsame Eigenschaften und Merkmale und die Zusammengehörigkeit in einer Klasse bzw. Schule aktiv dafür, dass ein wertschätzender Umgang mit Vielfalt lohnenswert ist und in der Gesellschaft gelingen kann. In diesem Sinne kann das Geschehen in der Klasse Modell für die Schule und die Gesellschaft insgesamt sein.

Die Möglichkeiten in der Schule, über Erfolge im sozialen Miteinander in diesem Bereich zu sprechen und diese *darzustellen* sind vielseitig:

- Projekte und Ergebnisse, an denen eine vielfältige Klasse bzw. Schule mitgewirkt hat, präsentieren.
- Großflächige Bilder und künstlerische Produkte, die gemeinsam von den Schüler*innen erstellt wurden, in der Klasse und Schule ausstellen.
- Die soziale Situation bei Klassengesprächen oder Abschlussveranstaltungen thematisieren.
- Über Möglichkeiten und Erfolge in Klasse und Schule sprechen und diese darstellen (Bilder, Videos, Broschüren, Zeitungen, Elternbriefe, Veranstaltungen).
- Auf Veranstaltungen für die Öffentlichkeit über Erfolge inklusionsorientierten Handelns sprechen und Begegnungen mit einer vielfältigen Schüler*innenschaft ermöglichen.
- Videos von erfolgreichen Projekten präsentieren, sodass das Potenzial des sozialen Miteinanders auch für Außenstehende erlebbar wird.
- (Ehemalige) Schüler*innen über die Klassen- und Schulsituation berichten lassen.

3.5 Der »Baukasten« für mehr soziales Miteinander

Um das soziale Miteinander erfolgreich in inklusiven Schulen umzusetzen, helfen einerseits die gerade beschriebenen Prinzipien. Sie können als Hilfestellungen dienen, um Maßnahmen bzw. Methoden für die eigene Klasse zu entwickeln. Eine zweite Hilfestellung leistet das Modell zur Qualität inklusiver Bildungsangebote, wie es in Kapitel 2.2. vorgestellt wurde. Mit diesem Modell können Interventionsebenen für unterschiedliche Akteur*innen im Kontext Schule definiert werden, wie im Folgenden vorgestellt wird. Handlungsleitend ist dabei die Idee, dass Personen nur ihr eigenes Handeln zielgenau beeinflussen können (Abbildung 5).

Eine Lehrkraft kann beispielsweise den Unterricht zielgenau beeinflussen. Sie kann Reihenfolge und Art der Aufgaben und Übungen festlegen, Worte ihrer Wahl in der Kommunikation verwenden und Lob oder Tadel aussprechen. Sie gestaltet ihren Unterricht vor dem Hintergrund ihrer didaktischen Kompetenzen und den Rahmenbedingungen, die durch das Schulgebäude, die Schulausstattung, die Schulorganisation, die Schulleitung und die Schulbehörden sowie gesetzlicher Regelungen vorgegeben sind. Sie bemüht sich, für die Schüler*innen einen Unterricht anzubieten, der dazu dient, dass die Kinder und Jugendlichen sich optimal weiterentwickeln. Ob und wie die Lernenden das Angebot nutzen, kann sie allerdings nicht bestimmen.

Ähnlich eingeschränkte Einflussmöglichkeiten haben Lehrkräfte im Hinblick auf die Schulorganisation. Sie können diese durch ihr Handeln und ihr Engagement mitgestalten – allerdings können hier Grenzen gesetzt sein, wenn die Kolleg*innen oder die Schulleitung das Vorhaben nicht unterstützen. Auf dieser Ebene ist eine zielgenaue Beeinflussung erschwert. Vielmehr kann eine einzelne Lehrkraft versuchen, andere ihre Kolleg*innen oder die Schulleitung für ihr Anliegen zu begeistern, um die Organisation der Schule zu verändern. Eine Veränderung der baulichen oder gesetzgeberischen Grundlagen ist dagegen für eine einzelne Lehrkraft (in der Regel) nicht möglich. Auch sind die Einflussmöglichkeiten auf außerschulische Lebensbereiche (wie z. B. die Familien der Schüler*innen) und die Organisation spezifischer Hilfen begrenzt.

Diese Überlegungen zur Begrenzung einer zielgenauen Einflussnahme bedeuten nicht, dass zur Förderung des sozialen Miteinanders nicht auch Aktionen für Eltern, Schulbehörden oder die Gesellschaft im Allgemeinen zielführend sein können (vgl. Kap. 3.2.). In erster Linie ist es aber für die Lehrkraft in der Schule am einfachsten, folgende Ebenen für die Ableitung effektiver Maßnahmen zu nutzen:

- Ebene 1: Die Person der Lehrkraft
- Ebene 2: Unterricht und außerunterrichtliche Aktivitäten
- Ebene 3: Die Schule und ihre Organisation

Das angesprochene Baukastensystem befasst sich nun mit der Umsetzung der sechs Prinzipien auf den drei angeführten Ebenen. Vor dem Hintergrund dieser Struktur werden Strategien vorgestellt, die als Grundlage für die Ableitung von Maßnahmen, Unterrichtssequenzen oder für Unterrichtsimpulse genutzt werden können, wie sie in Kapitel 4 vorgestellt werden.

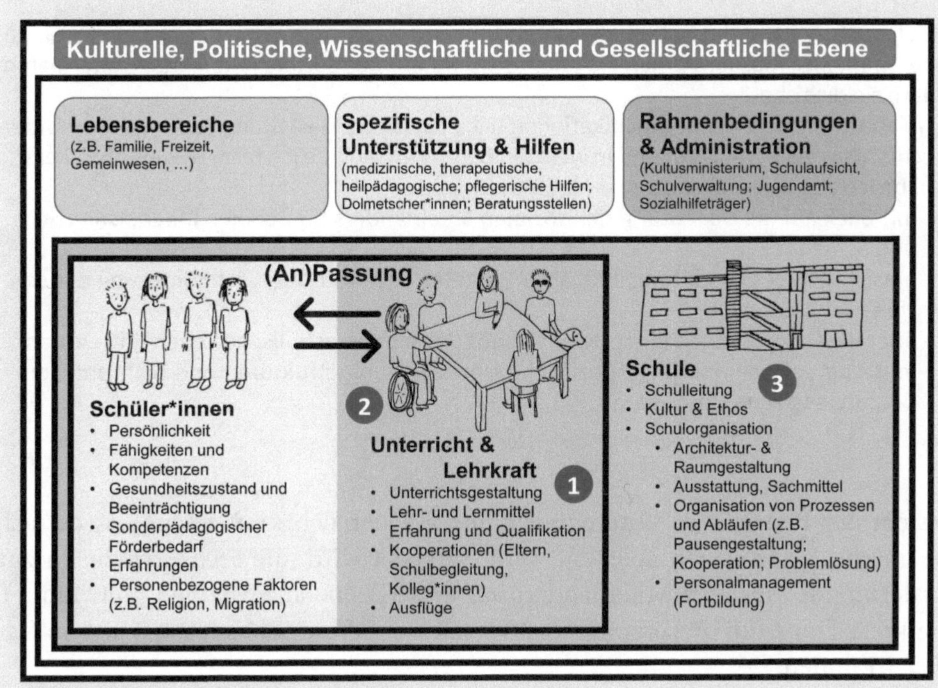

Abbildung 5: Zielgenaue Einflussmöglichkeiten von Lehrkräften im Modell zur Qualität inklusiver Bildungsangebote

Ebene 1: Die Person der Lehrkraft

Die Lehrkraft ist die zentrale Person für die Gestaltung des Unterrichts. Sie beeinflusst mit ihrer Fach- und Methodenkompetenz und ihrer Persönlichkeit das Unterrichtsgeschehen und geht mit ihren Schüler*innen in Beziehung, während sie die relevanten Inhalte vermittelt.

Vor diesem Hintergrund steht die Lehrkraft hier in diesem Buch an erster Stelle. Sie steht auch an erster Stelle, da die Fort- und Weiterbildung sowie die Reflexion der eigenen Haltung die elementaren Einflussgrößen für die Gestaltung des sozialen Miteinanders sind. Während man andere Menschen nicht zielgenau beeinflussen kann, gelingt dies bei der eigenen Person leichter.

Folgende Fragen können Sie sich selbst stellen, um den Einfluss persönlicher Merkmale auf das soziale Miteinander bewusst zu machen:

- Was denke ich über Menschen mit Behinderung? Wie beeinflussen meine Gedanken und Erfahrungen meine Beziehungen zu den Schüler*innen mit Beeinträchtigung?

- Welche Auswirkungen haben meine Haltung und Erfahrungen auf das soziale Miteinander in meiner Klasse? Wirken sie eher fördernd auf das soziale Miteinander oder behindern sie dies eher?
- Welche Erfahrungen und Qualifikationen habe ich für die Gestaltung des inklusiven Unterrichts? Was gelingt mir gut und in welchen Bereichen möchte ich mich weiterentwickeln?
- Habe ich ausreichend Fach- und Methodenwissen:
  - mit Blick auf die Bedeutung des sozialen Miteinanders für Schüler*innen, Unterricht und Schule?
  - hinsichtlich der Gestaltung inklusiver Prozesse und Methoden der Förderung des sozialen Miteinanders?
  - über die Auswirkungen einer Beeinträchtigung auf das schulische Leben und Lernen?
  - in Bezug auf behinderungsspezifische Unterstützungsstrukturen und heil- und sonderpädagogische Methoden?

Besteht der Bedarf für Weiterentwicklung auf der Lehrkraft-Ebene, lassen sich spezifische Maßnahmen ableiten, wenn versucht wird, die sechs Prinzipien zur Förderung des sozialen Miteinanders auf diese Ebene anzuwenden (vgl. Tab. 1). Konkrete Tipps zur Umsetzung der Strategien auf dieser Ebene lassen sich in Kapitel 4.1 finden.

Tabelle 1: Strategien zur Förderung des sozialen Miteinanders auf Ebene der Lehrkraft

	Ebene 1: Die Person der Lehrkraft
Ressourcen- und Lösungsorientierung	• Sensibilität für die Stärken der Schüler*innen mit und ohne Behinderung gewinnen • Sich der Stärken der Schüler*innen bewusstwerden und ihren Beitrag zu Klassengemeinschaft beschreiben • Schule in ihrer Bedeutung für die ganzheitliche Entwicklung der Kinder und Jugendlichen sehen
Anpassung der Umwelt und Barrierefreiheit	• Reflexion der Bedingungen, die Schüler*innen benötigen, um eine bestmögliche Leistung zu erlangen und zu zeigen • Auswirkungen von Behinderungen auf das Leben und Lernen in der Schule durch Selbsterfahrung erleben • Gespräche mit Schüler*innen mit Behinderung führen und gemeinsam Barrieren in Unterricht und Schule analysieren
Kompetenz im Umgang mit Vielfalt	• Selbsterfahrung durch Simulation von Behinderungen gewinnen • Schulen besuchen, in denen das soziale Miteinander erfolgreich gelingt • Filme mit Menschen mit Behinderung sehen und sich anschließend dazu austauschen • Gespräche über eigene Erfahrungen mit Menschen mit Behinderung führen
Zusammenhalt und Gemeinschaftssinn	• Kollegiale Supervision wahrnehmen und mit Kolleg*innen über erfolgreiche Methoden austauschen • an der Verbesserung des Zusammenhalts in der Schule mitwirken

Vernetzungen und Einbezug spezifischer Hilfen	• Gespräche mit Eltern und Pädagog*innen vorheriger Bildungseinrichtungen (z. B. Frühförderung, Kita) führen • Einrichtungen und Unterstützungsdiensten besuchen und kennenlernen • Hilfsmittelfachmessen besuchen • im Internet (z. B. www.rehadat-hilfsmittel.de/de/) recherchieren • in sonderpädagogischen Themengebieten fortbilden
Erfolgreiches soziales Miteinander sichtbar machen	• Stärken und Entwicklungen im Klassenbuch dokumentieren • Ziele festlegen und Erreichung dokumentieren (z. B. im Rahmen der Förderplanung) • Gespräche mit Eltern

Ebene 2: Unterricht und außerunterrichtliche Aktivitäten

Auf der Ebene zwei geht es um die Gestaltung des Unterrichts und außerunterrichtlicher Aktivitäten wie Klassenfahrten oder Ausflüge. Im Rahmen der alltäglichen Lehrangebote können die sechs Prinzipien durch das Handeln der Lehrkraft deutlich werden, wobei sowohl Unterrichtsangebote als auch die Vorbildfunktion von Lehrenden anzusprechen sind.

Um sich die Auswirkungen des Unterrichts auf die soziale Teilhabe bewusst zu machen, sind die folgenden Leitfragen hilfreich:

- Wie gelingt es mir, dass die Klasse sich als Klassengemeinschaft erlebt?
- Wie fühlen sich Schüler*innen mit Beeinträchtigung in meiner Klasse? Wie geht es Schüler*innen, die anderen Minderheiten angehören?
- Was berichten Schüler*innen, wie sie mich im Umgang mit Schüler*innen mit Behinderung erleben?
- Wie spreche ich über die Schüler*innen mit Behinderung in meiner Klasse? Habe ich Mitleid, Sorgen oder Angst – und falls ja, wie zeigt sich dies im Unterricht?
- Gibt es in meiner Klasse Gruppen von Schüler*innen? Was unternehme ich, um die Gruppen zu mischen?
- Wie gestalte ich kooperativen Unterricht?
- Gibt es individuelle Hilfestellungen für Schüler*innen mit Beeinträchtigung? Wenn ja, haben die Schüler*innen Verständnis für die besonderen Maßnahmen?
- Können alle Schüler*innen in der Klasse ihre Stärken zeigen? Lobe ich alle Schüler*innen gleichermaßen?

In Tabelle 2 sind Möglichkeiten zusammengestellt, mit denen sich die sechs Prinzipien im Unterricht umsetzen lassen. Beispiele und Tipps aus Praxis und Theorie lassen sich im Kapitel 4.2 finden.

Tabelle 2: Strategien zur Förderung des sozialen Miteinanders auf Ebene des Unterrichts und außerunterrichtlicher Aktivitäten

	Ebene 2: Unterricht und außerunterrichtliche Aktivitäten
Ressourcen- und Lösungsorientierung	• Ressourcen aller Schüler*innen im Klassengeschehen darstellen (Bilder von Stärken, schönen Erlebnissen) • Schüler*inneninterviews zu erfolgreichen Situationen (Wie hast du das geschafft?) erstellen • Aufgaben nutzen, die vielfältige Kompetenzen erfordern (Motorik, Kognition, Sozialverhalten) • Herausfordernde und bewältigbare (Gruppen-)Aufgaben gestalten • Ressourcen für die Klassengemeinschaft herausstellen • Partizipativ Lösungen bei Problemen entwickeln • Maßnahmen zu Ressourcenaktivierung (z. B. Förderung von sozialen Kompetenzen, Empowerment) umsetzen
Anpassung der Umwelt und Barrierefreiheit	• Barrieren in Klasse und Schule erkennen und abbauen • Maßnahmen zur Reduktion von Barrieren kennenlernen und ausprobieren (z. B. einfache Sprache)
Kompetenz im Umgang mit Vielfalt	• Wissen und Informationen zum Leben mit Behinderung vermitteln • Konzepte von Ausgrenzung und Inklusion kennenlernen; mit Betroffenen austauschen • Bedeutung von Vorurteilen reflektieren • Simulation und Selbsterfahrung von Behinderungen ermöglichen • Ausflüge und Besuche von Einrichtungen für Menschen mit Behinderung durchführen • Empathie über die Auseinandersetzung mit Biografien von Betroffenen gewinnen • kooperative Aufgaben gemeinsam bewältigen • über Irritationen und Verunsicherungen austauschen: Warum verhält sich ein Mensch auf diese Weise? Was ist der gute Grund für das Verhalten? • soziale Kompetenzen fördern und weiterentwickeln
Zusammenhalt und Gemeinschaftssinn	• Methoden einsetzen, die ermöglichen, dass Mitschüler*innen sich und ihre Biografie gegenseitig kennenlernen • Die Möglichkeit eröffnen, dass jede Person erleben kann, dass sie mit ihren Kompetenzen etwas zur Klasse beiträgt • Vertrauensspiele und gruppenbildende Maßnahmen umsetzen • Kooperation und gegenseitiges Helfen fördern • Klassenmotto entwickeln • identitätsbildende Klassenaktivitäten initiieren (z. B. gemeinsam helfen; sich für die Schule, Umwelt oder andere Menschen einsetzen)
Vernetzungen und Einbezug spezifischer Hilfen	• spezialisierten Techniken im Kontext von Behinderung (technische Hilfen z. B. im Bereich Kommunikation, Motorik oder Alltagsgestaltung; Visualisierungs- und Strukturierungshilfen), die für Schüler*innen notwendig sind, kennenlernen und einsetzen • Einzelgespräche mit den Schüler*innen mit Behinderung zur aktuellen Situation in der Schule führen • mit den Erziehungsberechtigten für Informationen zu unterstützenden Systemen und zu behinderungsbedingten Anpassungserfordernissen kooperieren

Erfolgreiches soziales Miteinander sichtbar machen	• Erfolge im Umgang mit Vielfalt in der Klasse in Klassengesprächen ansprechen und visualisieren • Elternbriefe und themenbezogene Elternabende anbieten

Ebene 3: Die Schule und ihre Organisation

Auch wenn die Einflussmöglichkeiten einer einzelnen Lehrkraft auf die Schule begrenzt sind, lassen sich zusammen mit Kolleg*innen und Schulleitung viele Ansatzpunkte zur Veränderung finden, von denen im Folgenden einige in ihrer Bedeutung für das soziale Miteinander dargestellt sind. Die Schule und ihre Organisation wird dabei hinsichtlich Schulkultur und Ethos, Schulleitung sowie hinsichtlich schulstruktureller Merkmale im Bereich Architektur- und Raumgestaltung, Ausstattung und Sachmittel, schulorganisatorische Abläufe und Regelungen sowie Personalmanagement beschrieben (vgl. Kapitel 2.2.). Merkmale des Schullebens, z. B. Feste und Pausengestaltung, sind nach dem Modell zur Qualität inklusiver Bildung ebenfalls mitzudenken. Auch auf Ebene der Schulorganisation lassen sich die sechs Prinzipien durch vielfältige Maßnahmen umsetzen. Strategien und Anregungen lassen sich in Tabelle drei finden, Tipps für Methoden und Aktionen in Kapitel 4.3.

Die Auswirkungen der Schule auf das soziale Miteinander kann mit folgenden Fragen verdeutlicht und reflektiert werden:

- Wie beeinflussen Merkmale der Schule und ihrer Organisation das soziale Miteinander und wie lassen sich Strukturen und Prozesse anpassen, um das soziale Miteinander einer heterogenen Schüler*innenschaft zu verbessern?
  - Wie beeinflussen die Architektur und die Raumgestaltung das soziale Miteinander? Welche Räume ermöglichen vielfältige Begegnungen und welche beeinträchtigen sie?
  - Wie beeinflusst die Ausstattung mit Materialien und Lernmitteln das soziale Miteinander?
  - Wie beeinflusst die Schulorganisation das soziale Miteinander? In welchen Bereichen kommt es zu Barrieren oder Einschränkungen einer gleichwertigen Nutzung der Angebote der Schule? Gibt es Maßnahmen, die die Vielfalt der Schüler*innen auf Ebene der Schule stärken?
  - Wie beeinflusst das Personalmanagement das soziale Miteinander? Gibt es Bemühungen zu Fort- und Weiterbildungen? Finden interne und externe Kooperationen statt?
- Was kann ich tun, um den Umgang mit einer vielfältigen Schüler*innenschaft zu verbessern und das soziale Miteinander in der Schule zu fördern?
- Wird mein Engagement in der Schule für Vielfalt unterstützt? Falls nein – was kann ich tun, um andere für meine Ideen zu gewinnen?

Tabelle 3:
Strategien zur Förderung des sozialen Miteinanders auf Ebene der Schule und ihrer Organisation

	Ebene 3: Die Schule und ihre Organisation
Ressourcen- und Lösungsorientierung	• Entwicklung eines Leitbildes der Schule, in dem Wertschätzung aller Schüler*innen benannt und die Kompetenzen aller als wertvoll erachtet werden • Herausstellen der Leistungen und Ressourcen aller Kinder und Jugendlichen (z. B. durch Ausstellungen, bei Ansprachen) • Gestaltung von Möglichkeiten der Partizipation und Mitgestaltung der Schüler*innenschaft • Ermöglichen, dass alle Schüler*innen (auch mit schweren Beeinträchtigungen) ihre Fähigkeiten einsetzen (z. B. barrierefreie Spielplätze und Spielmöglichkeiten in der Schule)
Anpassung der Umwelt und Barrierefreiheit	• Barrierefreie Gestaltung von Begegnungsflächen und Pausenhöfen • Sach-, Spiel und Lernmittel für alle Kinder und Jugendlichen der Schule zur Verfügung stellen und entwickeln • zeitliche Abläufe anpassen, damit Kinder und Jugendliche mit Beeinträchtigung nicht ausgegrenzt werden (z. B. ausreichend lange Pausen) • Schulmotto entwickeln, das gegen Ausgrenzung und Diskriminierung Stellung bezieht • Etablierung von Arbeitsgruppen, die sich mit der Verbesserung der Barrierefreiheit der Schule beschäftigen
Kompetenz im Umgang mit Vielfalt	• Fort- und Weiterbildung der Schulleitung • übergreifenden Lern-, Begegnungs- und Austauschmöglichkeiten für Schüler*innen mit gemeinsamen Themen (z. B. Leben mit Behinderung) anbieten • Organisation von Weiterbildungen zur Gestaltung von Inklusion sowie zu spezifischen behinderungsspezifischen Verfahren • spezialisierte Räume und individualisierte Hilfen (z. B. Ruheraum; Assistenz) zur Verfügung stellen
Zusammenhalt und Gemeinschaftssinn	• Gestaltung barrierefreier Feste • kooperative Schulaktivitäten ermöglichen, in denen Schüler*innen in ihrer Vielfalt einbezogen sind • Gestaltung einer wertschätzenden Arbeitsatmosphäre für Mitarbeitende der Schule • Gestaltung von Begegnungsräumen und Begegnungsangeboten
Vernetzungen und Einbezug spezifischer Hilfen	• Gestaltung von Beratungs- und Begegnungstreffen zwischen Schüler*innen, Eltern und Dienstleister*innen spezialisierter Hilfen • Einrichtung eines Schrankes oder Zimmers, in denen vielfältige Hilfsmitteln und Unterstützungsangebote vorgehalten werden • Kooperation mit spezialisierten Diensten (Sonderpädagogik, Erziehungsberatung, Supervision, Physio- und Ergotherapie, Pflege); bei Bedarf Beratungssprechstunden • Vorstellen spezialisierter Angebote im Rahmen von Lehrer*innenkonferenzen

Erfolgreiches soziales Miteinander sichtbar machen	• Tag der offenen Tür • Schulmotto visualisieren • Kunstwerke und Beiträge der Schüler*innen aushängen • Tag der Vielfalt feiern, an dem vielfältige Angebote sichtbar werden • Diskussionsrunden zum Thema Inklusion, soziales Miteinander und Behinderung mit Bürger*innen aus der Stadt initiieren • Verfassen von Pressemitteilungen • Engagement in Prozessen der Inklusion in der Stadt

Der Baukasten in der Praxis: Schritt für Schritt zur eigenen Methode

Nach den Darstellungen der theoretischen Grundlagen, der Erläuterung der Prinzipien und der Ebenen, die im Kontext schulischer Inklusion von Bedeutung sind, sind Sie als Leser*in angesprochen, sich von den Ausführungen anregen zu lassen und eigene Maßnahmen, Methoden und Impulse zu entwickeln, die das soziale Miteinander mit Schüler*innen mit und ohne Behinderung gelingen lassen:

Vielleicht sind Ihnen bereits nach dem Lesen der Prinzipien und der Ausführungen zu den Beispielen, wie sich die Prinzipien auf den drei Ebenen Lehrkraft, Unterricht und Schule umsetzen lassen, erste Ideen für die Gestaltung Ihrer eigenen Unterrichtsmethoden gekommen. Vielleicht ist Ihnen bewusst, wie sich aus den Prinzipien mit Ihren Erfahrungen gelingende Impulse für den Unterricht ableiten lassen. In diesem Fall möchte ich Sie motivieren, das Ziel Ihrer Maßnahme zu reflektieren und ihren Unterrichtsimpuls zu entwickeln und auszuprobieren. Lediglich möchte ich Sie darauf hinweisen, dass die Prinzipien in einer Art Reihenfolge aufgebaut sind: Es ist leichter für die Schüler*innen, einen Gemeinschaftssinn zu erleben (Prinzip Zusammenhalt und Gemeinschaftssinn), wenn sie sich ihrer Stärken bewusst sind (Prinzip Ressourcen- und Lösungsorientierung) und Kompetenzen haben, mit ihren vielfältigen Mitschüler*innen umzugehen (Prinzip Vielfalt).

Vielleicht haben Sie auch noch keine Idee für eine Unterrichtsmethode bekommen und wollen sich erst noch weiter durch die Beispiele im vierten Kapitel anregen lassen.

Vielleicht wünschen Sie sich auch konkretere Hinweise, wie Sie vorgehen können, um eigene Unterrichtsmethoden zu entwickeln, die das soziale Miteinander in der Klasse verbessern. In diesem Fall finden Sie im Folgenden eine Schritt-für-Schritt-Anleitung zum eigenen Unterrichtsimpuls.

Schritt 1: Festlegung des Ziels der neuen Unterrichtsmaßnahme

Ausgangspunkt der Entwicklung der eigenen Unterrichtsmethode ist die Überlegung, welches Ziel Sie mit Ihrer Maßnahme erreichen wollen. Wollen Sie als Lehrkraft die eigene Kompetenz im Umgang mit Vielfalt weiterentwickeln oder das Klassen- bzw. Schulleben gestalten? Vielleicht erleben Sie auch Spannungen im Bereich des sozialen Miteinanders, die Sie mit Ihren Methoden abbauen wollen?

Zur Entwicklung der Ziele können Sie einerseits überprüfen, inwiefern die in Kapitel 3.4 beschrieben Prinzipien in Ihrer Klasse bzw. Schule schon umgesetzt sind. Sind sich die Schüler*innen ihre Ressourcen und der Bedeutung der Mitschüler*innen für das Klassengeschehen bewusst? Vielleicht sehen Sie auch Entwicklungsbedarf im Bereich der Barrierefreiheit, der Kompetenz mit Vielfalt umzugehen oder im Hinblick auf den Gemeinschaftssinn in der Klasse. In diesem Fall ist ein Ziel schnell definiert und festgelegt.

Manchmal benötigt die Zielfestlegung aber auch eine genauere Analyse der Unterrichts- und Schulsituation oder der eigenen Kompetenzen.

Für eine *proaktive Weiterentwicklung der eigenen Kompetenz oder der Klassensituation* empfiehlt sich zunächst eine Betrachtung der aktuellen Ausgangssituation. Während für die Reflexion der eigenen Entwicklung der *TIPP #4* zu empfehlen ist, können folgende Fragen für die Analyse der Klassensituation dienen. Häufig empfiehlt es sich auch, die Schüler*innen der Klasse in die Reflexion einzubeziehen:

- Wie würden Sie das Klassenklima und die Klassengemeinschaft in der Klasse beschreiben? Was sind die Stärken der Klasse mit Blick auf das soziale Miteinander und was sind die Schwächen? Was können Sie tun, um die Klasse zu unterstützen, eine Klassengemeinschaft aufzubauen?
- Erleben Sie Zusammenhalt in der Klasse und das Eintreten der Schüler*innen für gemeinsame Werte? In welchen Situationen hält die Klasse zusammen? Lassen sich mehr dieser Situationen gestalten?
- Wie geht die Klasse mit der Vielfalt der Schüler*innen um? In welchen Bereichen kann die Klasse dies gut, in welchen Bereichen sehen Sie Entwicklungsbedarf? Erleben Sie Ausgrenzungen, diskriminierendes Verhalten? Wenn ja, was glauben Sie, warum werden einzelne Schüler*innen bzw. Schüler*innengruppen diskriminiert?
- Welchen Impuls benötigen die Schüler*innen, um sich in der Beziehung zu anderen Schüler*innen sicherer zu werden? Wie können sich die Schüler*innen gegenseitig unterstützen?

Neben dieser proaktiven Perspektive kommt es natürlich auch immer dazu, dass *Probleme im Schulalltag* auftreten, denen Sie begegnen wollen. In diesem Fall hilft eine lösungsorientierte Problemanalyse. Ein erster Schritt dabei ist die Benennung der Problemsituation. Beschreiben Sie zunächst genau das Problem in einem Satz. Betrifft das Problem die gesamte Klasse, das Klassenklima oder eher einzelne Personen oder Gruppen in der Klasse.

Versuchen Sie im zweiten Schritt mögliche Gründe oder Ursachen zu klären:

- Wie erklären Sie sich das Problem? Warum bestehen Schwierigkeiten im sozia-

len Miteinander in der Klasse oder warum werden einzelne Personen ausgegrenzt?
- Was könnte »ein guter Grund« für die aktuelle Situation in der Klasse sein? Versuchen die Schüler*innen mit Ängsten oder Unsicherheiten umzugehen? Fühlen sich die Kinder und Jugendlichen in ihrer Individualität gesehen und wertgeschätzt? Sind die Schüler*innen sich unsicher, wie sie mit den Schüler*innen mit Beeinträchtigung umgehen sollen?
- Kann Ihre eigene Haltung als Lehrkraft zu den Schüler*innen Einfluss auf das »problematische« Geschehen haben oder spielen andere Beteiligte (z. B. Schüler*innen anderer Klassen, Kolleg*innen oder Merkmale der Schule) eine Rolle?

Diese Reflexionsfragen dienen als Anregung auf der Suche nach Erklärung für das Problem. Auch hier empfiehlt es sich, die Schüler*innen der Klasse zu beteiligen. Als Methode kann hier beispielsweise ein Klassenrat (*TIPP #21*) nützlich sein.

Nach der Problembeschreibung und den Bemühungen, das Problem zu erklären, müssen im dritten Schritt Lösungsideen entwickelt und Ziele definiert werden.
- Welche Maßnahme, die Sie als Lehrkraft gestalten können, kann dabei helfen, das Problem zu reduzieren?
- Fällt Ihnen als Lehrkraft ein Vorgehen ein, das in der Vergangenheit bei einem ähnlichen Problem in der Klasse hilfreich war? Wie ist es Ihnen da gelungen, das Problem zu bewältigen bzw. zu verkleinern?

Wichtig ist in diesem Zusammenhang, Lösungsmöglichkeiten zu finden und darauf aufbauend Ziele zu definieren, die Sie selbst durch Ihr eigenes Handeln beeinflussen können. Gleiches gilt auch für die Entwicklung von Lösungsideen mit der Klasse. Auch hier empfiehlt sich die Suche nach einer Situation, in der die Schüler*innen es in der Vergangenheit bereits geschafft haben, dass das Problem nicht aufgetreten ist.

Sowohl bei der proaktiven als auch problembezogenen Festlegung eines Zieles für die Entwicklung von Methoden und Maßnahmen zur Verbesserung des sozialen Miteinanders in der Klasse wird deutlich werden, dass sich die gefundenen Lösungsmöglichkeiten und benannten Ziele in der Regel den in Kapitel 3.4 beschriebenen Prinzipien zuordnen lassen.

Schritt 2: Konzeption der Unterrichtsmethode

Wenn das Ziel der Maßnahme bekannt ist, geht es im zweiten Schritt um die Entwicklung einer passgenauen Methode. Hier spielen neben Ihren Erfahrungen, Ihren Vorlieben und Ihrem Fach- und Methodenwissen die Merkmale der Schüler*innenschaft sowie die Interventionsebene eine entscheidende Rolle. Wollen Sie beispielsweise eine Unterrichtsstunde gestalten, in der Sie die Kompetenz für

Vielfalt weiterentwickeln wollen, nutzen Sie die Erläuterungen im Kapitel 3.5 zur Umsetzung des Prinzips auf Unterrichtsebene. Folgende Strategien sind relevant:

- Wissen und Informationen zum Leben mit Behinderung vermitteln
- Konzepte von Ausgrenzung und Inklusion kennenlernen; mit Betroffenen austauschen
- Bedeutung von Vorurteilen reflektieren
- Simulation und Selbsterfahrung von Behinderungen ermöglichen
- Ausflüge und Besuche von Einrichtungen für Menschen mit Behinderung durchführen
- Empathie über die Auseinandersetzung mit Biografien von Betroffenen gewinnen
- kooperative Aufgaben gemeinsam bewältigen
- über Irritationen und Verunsicherungen (austauschen: Warum verhält sich ein Mensch auf diese Weise?)
- soziale Kompetenzen fördern und weiterentwickeln

Diese Strategien sollen Ihnen helfen, Ihren Unterrichtsimpuls zu entwickeln. Haben Sie im Rahmen Ihrer Zielklärung beispielsweise festgestellt, dass in der Klasse wenig Verständnis für eine*n Mitschüler*in mit einer geistigen Beeinträchtigung besteht, können Sie sich von den Strategien anregen lassen und überlegen, welche Maßnahme Ihnen für Ihre Schüler*innen (z. B. der Primarstufe) am erfolgversprechendsten erscheint. Wenn Sie beispielsweise festgestellt haben, dass Wissen über eine geistige Behinderung fehlt, können Sie einen zielgruppenspezifischen Input planen, z. B. indem Sie ein Kinderbuch zu dem Thema lesen oder einen Film zeigen. Vielleicht haben die Schüler*innen auch das Problem, dass Sie das Verhalten Ihrer*s Mitschülers*in nicht verstehen. In diesem Fall wäre eine Methode hilfreich, die Empathie und Verständnis fördert. Zu diesem Zweck sind neben Einheiten der Simulation von Behinderung (vgl. *TIPP #15*) auch Selbstberichte von Betroffenen, Gespräche mit der Person (vgl. *TIPP #9*) oder Besuche bei der Person zuhause denkbar (vgl. *TIPP #28*). Wichtig ist bei allen Maßnahmen, die beziehungsgestaltende Wirkung zu reflektieren: Wird eine Person im Rahmen einer Methode zu sehr herausgestellt, kann dies dazu führen, dass die Person einen Sonderstatus erhält, was ein gleichwertiges Miteinander erschwert. In diesem Fall wären zunächst Maßnahmen der vorgelagerten Ebene »Ressourcen- und Lösungsorientierung« zu empfehlen.

Nach diesem Vorgehen und der Anwendung der im Kapitel 3.4 aufgeführten Strategien können eigene Maßnahmen entwickelt werden, die im Weiteren nach Zeitdauer, Unterrichtsinhalt sowie verwendete Medien an die Zielgruppe der heterogenen Klasse angepasst werden können. Auf diese Weise werden Methoden zur Förderung des sozialen Miteinanders Teil ihres inklusionsorientierten Unterrichts.

4 Tipps und Methoden zur Förderung des sozialen Miteinanders

In den vorherigen Kapiteln wurden theoretische Grundlagen zu Inklusion und dem sozialen Miteinander in heterogenen Klassen präsentiert, die als Basis für die Entwicklung von Prinzipien, Interventionsebenen und Strategien dienen. Somit steht ein Baukasten zur Verfügung, mit dem für Unterricht und Schule Maßnahmen für soziales Lernen vielfältiger Schüler*innen abgeleitet werden können, die zur individuellen Lernsituation passen.

Als Anregungen und um konkrete Möglichkeiten der Förderung aufzuzeigen werden im Folgenden fünfzig Tipps und Methoden detailliert beschrieben. Viele der aufgeführten Ideen entstammen aus dem Erfahrungsschatz von Lehrpersonen, die konkret darstellen, mit welchen Methoden sie erfolgreich das soziale Miteinander gestalten. Dabei handelt es sich manchmal um Anregungen für den Unterricht in Primar- oder Sekundarstufe oder um kleine Spiele, die eine Unterrichtseinheit oder eine außerunterrichtliche Aktivität begleiten können. Zusätzlich zu den Methoden, die sich in der schulischen Praxis bewährt haben, werden vom Autor einige Methodentipps zu der Ebene der Lehrkraft, der Ebene des Unterrichts sowie der Schulebene ergänzt.

4.1 Die Person der Lehrkraft

Die ersten vier Tipps betreffen die Lehrkraft, die als entscheidende Person den Unterricht gestaltet und in der Schule Maßnahmen zur Förderung des sozialen Miteinanders umsetzen kann. In Ergänzung zu den Möglichkeiten der individuellen Weiterbildung, dem Austausch mit Kolleg*innen und dem Besuch von Schulen, die bereits Erfahrungen mit der Gestaltung sozialer Lernsituationen haben, behandeln die Tipps Wege, die Schüler*innen neu kennenzulernen und die eigene Haltung zu reflektieren. Die beschriebenen Tipps und Methoden lassen sich stets mehreren Prinzipien der Förderung des sozialen Miteinanders zuordnen (vgl. Tabelle 4).

Tabelle 4: Zuordnung der Tipps auf Ebene der Lehrkräfte zu den sechs Prinzipien

	Ressourcenorientierung	Barrierefreiheit	Kompetenz für Vielfalt	Zusammenhalt	Spezifische Hilfen	Erfolgreiches sichtbar machen
TIPP #1	✓	✓	✓	✓		
TIPP #2		✓	✓		✓	
TIPP #3	✓	✓	✓		✓	
TIPP #4		✓	✓			✓

TIPP #1: Selfies

Der erste Tipp in diesem Buch dient dem gegenseitigen Kennenlernen und dazu, sich als Lehrkraft ein ressourcenorientiertes, ganzheitliches Bild von den Schüler*innen machen zu können. Die Schüler*innen sollen sich mithilfe von Gegenständen oder Medien präsentieren und ihren Mitschüler*innen mitteilen, »was man wissen sollte, um mich zu kennen.«

Schulstufe:	Primar- und Sekundarstufe
Materialien:	Papier; Gegenstände/Objekte oder Medien (ggf. Digitalkamera oder Smartphone erforderlich); ggf. Möglichkeiten, die Medien abzuspielen (Lautsprecher, Beamer …)
geeignet für:	alle Kinder und Jugendlichen; bei Schüler*innen, die sich selbst nicht ausdrücken können, kann eine Assistenz oder ein Elternteil einbezogen werden
Dauer:	5–7 Minuten für die Präsentation für jede Person; ggf. eine Unterrichtseinheit für die Vorbereitung

Vorgehensweise:

Was sollte mein Gegenüber von mir wissen, um mich wirklich zu kennen? Diese Frage ist die handlungsleitende Frage bei dieser Aufforderung zur Selbstdarstellung. Die Einheit lässt sich gut einführen, indem verdeutlicht wird, dass es für eine gute, inklusive Klassengemeinschaft wichtig ist, die Mitschüler*innen mit z. B. ihren Lebenshintergründen, Interessen, Stärken und Schwächen kennenzulernen.

Die Aufgabe ist, zur nächsten Unterrichtsstunde einen Gegenstand/ein Objekt, z. B. ein Lieblingsspielzeug, ein Kinderfoto, ein Musikstück etc., mitzubringen oder – besonders für ältere Schüler*innen geeignet – ein Medium wie eine Kollage, ein Selfie, ein Film oder eine Präsentation zu erstellen, an der die Schüler*innen einige der folgenden Beispielfragen erläutern.

- Warum hast du diesen Gegenstand/dieses Objekt/dieses Medium ausgewählt? Was hat es mit dir zu tun?
- Wo bist du vorher in den Kindergarten bzw. in die Schule gegangen?
- Was ist bei dir Zuhause am schönsten?
- Was magst du gerne? Was magst du nicht?
- Was sind deine Hobbies?
- Was kannst du besonders gut? Was kannst du gar nicht?
- Was möchtest du in der Schule lernen?
- Was macht dir in der Schule am meisten Spaß? Was gar nicht?
- Wie können dir die Lehrkräfte und deine Mitschüler*innen am besten helfen?
- Was wünschst du dir von deinen Mitschüler*innen?
- Wie kann man dein*e Freund*in werden? Was ist dir in einer Freundschaft wichtig?

Bei dieser Methode ist es hilfreich, eine Auswahl von drei bis fünf Fragen vorher gemeinsam mit der Klasse zu sammeln und abzustimmen. So können die Schüler*innen beispielsweise gebeten werden, interessierende Fragen zu äußern oder auf Kärtchen zu notieren. Aus der Fragensammlung werden anschließend drei bis fünf Fragen ausgewählt. Erkennt die Lehrkraft Fragen, die zu Diskriminierungen führen können, kann sie dies ansprechen und diese aus ggf. aus dem Fragenpool herausnehmen.

Nachdem die Kinder oder Jugendlichen die Aufgabe erhalten haben, kann es hilfreich sein, über Ideen zu sprechen, wie die Aufgabe am besten zu bewältigen ist. Dies kann in der ganzen Klasse oder aber auch in Kleingruppen geschehen. Auf diese Weise können sich die Schüler*innen in ihrer Kreativität gegenseitig anregen, sodass konkrete Handlungsideen entstehen können, die zuhause oder im Rahmen einer Schulstunde vorbereitet werden können.

In der Unterrichtsstunde, in der die Präsentationen stattfinden, sollte die Lehrkraft eine wertschätzende Atmosphäre schaffen. Sie kann beispielsweise herausstellen, dass alle Schüler*innen sehr unterschiedlich und einzigartig sind, und heute die Möglichkeit besteht, etwas von der Besonderheit eines Kindes kennenzulernen. Dabei gibt es kein richtig oder falsch, da jede*r, so wie sie*er ist, wichtig für die Klasse ist.

Nun kann das erste Kind beginnen und sich mit Blick auf die drei bis fünf Fragen vorstellen. Nach der Präsentation erhalten die jeweiligen Schüler*innen Applaus für ihren Beitrag. Falls Punkte offen geblieben sind oder Fragen bestehen, können die Schüler*innen nachfragen.

Hinweis:

Es ist sinnvoll, die Gesamtpräsentationszeit auf 45 bis 60 Minuten zu begrenzen und ggf. die einzelnen Präsentationen auf mehrere Tage bzw. Wochen zu verteilen. Auf diese Weise behalten alle Schüler*innen die Möglichkeit, eine hohe Aufmerksamkeit der Mitschüler*innen und wertschätzende Anerkennung zu erhalten.

TIPP

Bericht aus der Praxis:

Diese Methode wurde vom Autor in Seminaren mit Studierenden vielfältig erprobt und eingesetzt. Die Materialien der Selbstpräsentation waren vielfältig und reichten vom Mitbringen mehrerer Fotos über das Erstellen eines Quiz oder Kreuzworträtsels, dem Vortragen von Gedichten oder Liedern oder der Präsentation eines Videos. Immer wieder waren alle überrascht, wieviel Vielfalt die Gruppe durch die unterschiedlichen Beiträge hervorbrachte. Diese Präsentationen ermöglichen ein vertieftes Kennenlernen aller Beteiligten.

Ähnliche Tipps hier im Buch:

- TIPP #8: Das Frage-und-Antwort-Spiel
- TIPP #12: Das Meister-Spiel
- TIPP #22: Hier bin ich zuhause!
- TIPP #27: »Weiterrutschen darf, wer …«
- TIPP #49: Starschnitt

TIPP #2: Meine Haltung

Im Kontext von Inklusion und dem gemeinsamen Lernen in einer heterogenen Schüler*innenschaft spielt die eigene Haltung zum Thema Behinderung und Inklusion eine entscheidende Rolle. Mit der vorliegenden Übung kann diese im Lehrer*innenkollegium reflektiert und weiterentwickelt werden.

Schulstufe:	Primar- und Sekundarstufe
Materialien:	ein Flipchart-Papier; Moderationskarten in vier Farben jeweils in der Anzahl der Schüler*innen; Stifte
geeignet für:	Lehrpersonen aller Schüler*innen
Dauer:	60–90 Minuten

Vorgehensweise:

Eine Gruppe von vier bis sechs Personen (gerne auch als Workshop im Rahmen einer Lehrer*innenkonferenz; hier sollten dann mehrere Kleingruppen gebildet werden) trifft sich in einem Stuhlkreis oder an einem Tisch. In der Mitte liegt ein Flipchart-Papier, auf dem folgende zwei Fragen formuliert sind:

1. Was denke und fühle ich in Bezug auf den Begriff »Behinderung«?
2. Was denke und fühle ich in Bezug auf den Begriff »Inklusion«?

Jedes Mitglied macht sich in einem ersten Schritt Gedanken zur ersten Frage und schreibt diese, sortiert nach den folgenden Punkten, auf die vier unterschiedlich farbigen Moderationskarten:

1. Meine Gedanken zum Thema Behinderung
2. Meine Gefühle zum Thema Behinderung
3. Meine Gedanken zum Thema Inklusion
4. Meine Gefühle zum Thema Inklusion

Dabei ist zu beachten, dass alle jeweils die gleichen Farben für die gleichen Fragen verwenden.

Anschließend stellt jedes Gruppenmitglied zunächst seine eigenen Gedanken und Gefühle zum Thema Behinderung vor. Dabei sind die Gedanken und Gefühle in der Praxis erfahrungsgemäß vielfältig und häufig mit Ambivalenzen verbunden. Gesellschaftliche Haltungen werden ebenso deutlich wie persönliche Erfahrungen und Werte. Sich abhängig zu fühlen kann beispielsweise für eine Person eine besondere Herausforderung im Kontext Behinderung sein, für andere dagegen sind es eher die mit einer Behinderung verbundenen Reaktionen der Umwelt.

Im Anschluss an die Vorstellung der persönlichen Gedanken und Gefühle diskutiert die Gruppe über folgende Fragen:

- Welche Ängste und Befürchtungen werden deutlich?
- Erleichtert oder erschwert die Behinderung die Beziehung zu den Schüler*innen?
- Gibt es hier Unterschiede bei unterschiedlichen Formen der Behinderung? Welche Einstellungen und Vorurteile werden deutlich? Gibt es hier Unterschiede bei unterschiedlichen Formen der Behinderung?
- Habe ich Mitleid mit einem Menschen mit Behinderung? Möchte ich helfen? Inwiefern ist das Mitleid und die Hilfe positiv oder negativ für die Lehr-Lern-Beziehung?
- Welche Hilfen und Unterstützung wünsche ich mir? Welche Adaptionen im Unterricht und in der Schule erscheinen notwendig?
- Was kann ich tun, um Befürchtungen, Sorgen und negativen Emotionen zu begegnen?

Im zweiten Schritt geht es analog zum Thema Behinderung nun um die Gedanken und Gefühle zur Inklusion. Auch hier können zu beiden Bereichen Notizen auf Karten formuliert und anschließend vorgestellt werden. Ähnlich wie beim Thema Behinderung spielen Vorerfahrungen mit Schüler*innen mit Behinderung ebenso eine Bedeutung wie Vorerfahrungen in gemeinsamen Lernsituationen. Die Zuversicht steigt mit der Erfahrung und den Möglichkeiten der Vernetzung – vor diesem Hintergrund ist der vertrauensvolle Austausch in der Gruppe ein wichtiger Baustein, Sorgen und Befürchtungen zu thematisieren und Unterstützungsmöglichkeiten in den Blick zu nehmen.

Für die anschließende Diskussion im Kontext Inklusion können folgende Fragen anregend sein:

- Was bedeutet Inklusion für mich?
- Wie kann ich Inklusion in der Klasse umsetzen?
- Welche Zugänge habe ich, die Kinder in ihrer Vielfalt zu unterstützen?
- Welche Ängste und Befürchtungen werden deutlich?
- Habe ich das Gefühl und die Einschätzung, als Lehrkraft »selbstwirksam« zu sein und meine Rolle gut zu erfüllen? Welche Unterstützung brauche ich?
- Mit welchen Kindern und Jugendlichen mit Behinderung habe ich Erfahrung und kann auch den anderen in der Gruppe beratend zur Seite stehen? Für welche Schüler*innen benötige ich Hilfe(n)?
- Wenn ich schlechte Erfahrungen mit Inklusion gemacht habe, welche Empfehlungen ergeben sich daraus: Wie können wir es besser machen?
- Welche Hilfe(n) und Unterstützung wünsche ich mir? Welche Adaptionen im Unterricht und in der Schule erscheinen notwendig, damit ich Inklusion gewinnbringend umsetzen kann?

Nach dem Austausch können die Ergebnisse festgehalten und – falls der Austausch im Rahmen einer Kleingruppe stattgefunden hat – im Plenum vorgestellt werden.

Ähnliche Tipps hier im Buch:

► TIPP #3: Mit verbundenen Augen durch die Schule
► TIPP #6: Das geheimnisvolle Leben des Apfels
► TIPP #10: In den Schuhen der*des Anderen
► TIPP #16: Behindern

TIPP #3: Mit verbundenen Augen durch die Schule

Ein wichtiges Element, sich in die Situation von Menschen mit Behinderungen einzufühlen, ist die Selbsterfahrung. Hiermit kann erlebt werden, welche Barrieren oder Erschwernisse für die Betroffenen bestehen und welche Hilfen das Potenzial haben, das Leben und Lernen in der Schule zu erleichtern.

Schulstufe:	Primar- und Sekundarstufe
Materialien:	Schlafmasken oder ein Schal
geeignet für:	Lehrpersonen aller Schüler*innen
Dauer:	60–90 Minuten

Vorgehensweise:
Zwei Lehrkräfte bilden ein Paar, von dem eine Person sich die Augen mit dem Schal zubindet oder eine Schlafmaske trägt. (Wenn mehrere Personen sich einen Schal bzw. eine Schlafmaske teilen, ist es empfehlenswert, ein Taschentuch über die Augen zu legen, damit sich mögliche Augeninfektionen nicht übertragen.) Die sehende Person wird in der Übung die »Sehende Begleitung«. Sie hat die Aufgabe, die »nicht-sehende Lehrkraft« für einen festgelegten Zeitraum von ca. 20 Minuten sicher durch die Schule zu führen und sicherzustellen, dass die »blinde Person« sich nicht verletzt und sich jederzeit sicher und orientiert fühlt.

Zur Führung eignet sich am besten, wenn die »Sehende Begleitung« schräg vor der Person geht und sich die »blinde Person« mit dem Scherengriff (Daumen-Hand-Griff) am Oberarm der «Sehenden Begleitung« festhält. Auf diese Weise kann sie einfach loslassen, wenn sie stehen bleiben möchte oder ihr*e Partner*in ihr zu schnell geht. Mit der anderen Hand kann sie sich an Wänden entlangtasten oder sie zum Befühlen von Gegenständen oder Strukturen einsetzen. Gefährdende Situationen können von der »Sehenden Begleitung« einerseits benannt werden (»Achtung, gleich kommt eine kleine Stufe!«) oder durch Verlangsamung des Tempos angedeutet werden.

Im Rahmen dieser Übung gewinnt die »blinde Person« in der Regel zunehmend Sicherheit, sodass die Schule mit ihren Barrieren, aber auch Möglichkeiten, gemeinsam erkundet werden kann. Materialien können ertastet (z. B. Holz, Metall, Papier etc.) und Aufgaben bewältigt werden (z. B. ins Sekretariat gehen, etwas einkaufen, etwas trinken). Auch empfiehlt sich, soziale Begegnungen mit anderen Lehrkräften oder Schüler*innen anzuleiten, in dem die »Sehende Begleitung« darauf hinweist, wenn eine andere Person in der Nähe ist: »Da vorne ist eine Schülerin. Lass uns sie mal begrüßen.«

Sollte sich die »blinde« Person unwohl fühlen, kann die Aufgabe jederzeit beendet werden. Nach 20 Minuten werden die Rollen getauscht.

Nach der simulierten Selbsterfahrung sollte ein Austausch in der Gruppe stattfinden:

- Wie erging es den »Blinden«? Wie ging es den Unterstützer*innen?
- Was war gut? Welche Hilfestellungen wurden als nützlich erlebt und welche hätten Sie sich mehr gewünscht?
- Was können wir daraus lernen, um unsere Schule barrierefreier zu gestalten?
- Welche Rahmenbedingungen erleichtern soziale Kontakte für den Personenkreis?

Hinweis:

Bei der Übung sind eigene Erfahrungen von den realen Erfahrungen von Menschen mit Sehschädigungen zu trennen: Einige Teilnehmer*innen der Übung erleben beispielsweise im Rahmen der Simulation Angst oder Unsicherheit, manche fühlen sich sicher, andere ein wenig beklommen. Für wieder andere gerät das Zeitgefühl durcheinander. Von all diesen Erlebnissen, die Personen unter der Simulation erleben, lässt sich nicht ableiten, wie Menschen mit einer Sehschädigung sich fühlen. Wohl aber wird offensichtlich, wie Assistenz und Hilfe gestaltet oder die Barrierefreiheit verbessert werden können. Beispielsweise wird deutlich, wie wichtig es ist, dass die »Sehende Begleitung« Dinge verbal umschreibt und wie gefährlich es ist, wenn Taschen auf dem Boden liegen.

Optimalerweise wird die Selbsterfahrung von Betroffenen begleitet. Diese können über ihre Beeinträchtigung sprechen, von Barrieren berichten und Anpassungserfordernisse konkret benennen. Informationsfragen wie z. B.: »Wie träumt man als blinder Mensch?« und »Welche Erfahrungen haben Sie in der Schule gemacht?« können besprochen werden.

Ergänzende Materialien:

Auf den Seiten des Deutschen Binden- und Sehbehindertenverbands e.V. finden sich hilfreiche Materialien zur »Sehenden Begleitung«, z. B. als Karikaturenheft »Nicht so, sondern so« oder als Broschüre über Führ- und Begleittechniken »Sehende Begleitung«: (www.dbsv.org/broschueren.html#umgang)

Variation:

Um zu erleben, wie sich Schüler*innen mit vielfältigen Behinderungen in der Schule fühlen und welche Barrieren in der Schule bestehen, können vielfältige Simulationen von Behinderung durchgeführt werden, die im Folgenden kurz skizziert werden sollen:

- Simulation von Hörschädigung:
  - Sehen eines Filmes ohne Ton über eine Situation in der Schule, wie z. B. »das Fliegende Klassenzimmer«
  - Gespräche während ein Gehörschutz getragen wird

- Simulation von körperlichen Beeinträchtigungen
  - Fortbewegung in einem Rollstuhl (können häufig in Sanitätshäusern ausgeliehen werden)
  - Kaffeetrinken und Kuchenessen im Lehrer*innenzimmer, wobei nur ein Arm bzw. eine Hand verwendet werden darf (der andere Arm wird in einer Schlinge am Körper getragen)
- Beeinträchtigung der Sensibilität und Feinmotorik mithilfe von Handschuhen (z. B. Arbeitshandschuhen) simulieren, z. B. versuchen, einen Stift vom Boden aufzuheben, Papiere voneinander zu trennen, die weitergereicht werden sollen etc.

Ähnliche Tipps hier im Buch:

► TIPP #13: Das Tastspiel
► TIPP #14: Die Schule mit verbundenen Augen erkunden (für Schüler*innen)
► TIPP #15: Einfach sprechen! – Gespräche in einfacher Sprache
► TIPP #16: Behindern
► TIPP #26: An den Rollstuhl fesseln

TIPP #4: Meine Stärken und Schwächen

Die Gestaltung gemeinsamer Lernsituationen erfordert eine Auseinandersetzung und Weiterentwicklung der eigenen Rolle. Die Zusammenarbeit mit Schulbegleitungen bzw. Inklusionsassistenzen kann ebenso dazu gehören wie das stetige Reflektieren eigener Kompetenzen und das Kooperieren mit Fachkräften aus dem Bereich Pflege und Gesundheit. Der folgende Selbstbeurteilungsbogen »Meine Stärken – Meine Schwächen« kann helfen, die eigenen Stärken und Schwächen kennenzulernen und Handlungsbedarfe zu erkennen.

Schulstufe:	Primar- und Sekundarstufe
Materialien:	Fragebogen »Meine Stärken und Schwächen«
geeignet für:	Lehrpersonen aller Schüler*innen
Dauer:	30 Minuten

Vorgehensweise:

Angelehnt an die theoretischen Grundüberlegungen zur Förderung des sozialen Miteinanders in inklusiven Klassen, wie sie hier im Buch vorgestellt werden, kann es zu unterschiedlichen Zeitpunkten relevant sein, neben den Tipps und Strategien des Buches sich weiteres vertieftes Wissen anzueignen oder Kooperationen mit Fachstellen oder Eltern aufzubauen. Auch können problembezogene Hilfen zur Verbesserung der Lehr- und Lernsituation beitragen.

Auf der der nächsten Seite finden Sie einen Fragebogen, mit dem in fünf Dimensionen auf einer fünfstufigen Skala eingeschätzt werden kann, ob die vorhandenen Kompetenzen als »nicht ausreichend (–2)« oder »voll ausreichend (+2)« beurteilt werden. Dies kann je nach Erfordernis bzw. persönlicher Situation mit einem konkreten Blick auf die Klassensituation oder mit Blick auf die Kompetenzen im Allgemeinen erfolgen.

Wenn Bereiche festgestellt wurden, in denen ein Entwicklungsbedarf besteht, empfiehlt es sich, z. B. mithilfe kollegialer Beratung oder durch Kontaktaufnahme mit Beratungsstellen zur schulischen Inklusion, die richtige Unterstützungsmöglichkeit für die Weiterentwicklung zu beleuchten.

Der Bogen kann nach gewisser Zeit noch einmal bearbeitet werden, sodass Weiterentwicklungen sowie evtl. neu aufgetretene Bedarfe stetig identifiziert werden können.

Fragebogen: Meine Stärken – meine Schwächen

Wie sehe ich meine Kenntnisse und Fähigkeiten in Bezug auf die ○ Situation in der Klasse __________? ○ die Gestaltung des sozialen Miteinanders im Allgemeinen?	Datum: nicht ausreichend *bis* voll ausreichend				
	-2	-1	0	1	2
Ressourcen- und Lösungsorientierung					
Fähigkeit, die Stärken und die Schwächen der Schüler*innen zu erkennen					
Fähigkeit, den Beitrag der Schüler*innen zur Klassengemeinschaft zu sehen					
Fähigkeit, gemeinsam mit den Beteiligten für herausfordernde Situationen Lösungen zu entwickeln					
Anpassung der Umwelt und Barrierefreiheit					
Wissen über Barrieren und Anpassungserfordernisse (bei spezifischen Behinderungen)					
Wissen über Methoden der barrierefreien Gestaltung und Anpassung					
Wissen über Methoden, meinen Unterricht inklusiv zu gestalten (inkl. Wissen um Nachteilsausgleiche)					
Kompetenz im Umgang mit Vielfalt					
Wissen über das Leben und Lernen im Kontext von (spezifischen) Behinderungen					
Wissen über Prozesse der Ausgrenzung sowie Wissen über Möglichkeiten, Ausgrenzungen zu begegnen					
Fähigkeit, mit (aktuellen) Herausforderungen und Irritationen im Schul- und Klassenleben umzugehen					
Zusammenhalt und Gemeinschaftssinn					
Wissen über Methoden zur Förderung von Zusammenhalt und Gemeinschaftssinn					
Fähigkeit, Aufgaben zu entwickeln, die Kooperation erfordern und jedes Klassenmitglied einbeziehen					
Fähigkeit, über Gruppenbildung und Ausgrenzung in der Klasse bzw. Schule zu kommunizieren					
Vernetzungen und Einbezug spezifische Hilfen					
Wissen über fachliche Unterstützungssysteme aus den Bereichen Sonderpädagogik, Pflege und Medizin					
Wissen über und Nutzen von technischen Hilfen und Lehrmethoden (z. B. im Bereich Visualisierung, Sprache)					
Kooperationen mit Kolleg*innen anderer Förder- und Regelschulen					
Wissen über Methoden zur Gestaltung der Zusammenarbeit mit und der Einbeziehung von Eltern					

4.2 Perspektive Unterricht und außerunterrichtliche Aktivitäten

Kinder und Jugendliche werden in der Regel in Klassen unterrichtet. Es entsteht eine Gemeinschaft über viele Jahre, in der die Schüler*innen gemeinsam lernen, Pausenzeit verbringen oder Ausflüge machen. Häufig trifft man sich auch in der Freizeit oder feiert mit seinen Mitschüler*innen gemeinsame Feste.

Die Möglichkeiten im Unterricht, ein erfolgreiches soziales Miteinander zu gestalten, das bis in die Freizeit wirkt, sind vielseitig. Die Gestaltung gemeinsamer Lern- und Arbeitsgruppen zählt dazu ebenfalls wie die inhaltliche Auseinandersetzung mit Merkmalen der Schüler*innen: Welche Bedeutung hat die Religion für das Leben der Kinder und Jugendlichen? Welche Formen sexueller Orientierung gibt es oder was bedeutet Behinderung?

Im Rahmen dieses Kapitels werden vielfältige Strategien und Tipps vorgestellt und den sechs Prinzipien zugeordnet, zu denen sie in besonderem Maße passen – wohlwissend, dass ein Tipp häufig hilft, mehrere Prinzipien umzusetzen.

Ressourcen- und Lösungsorientierung

Im folgenden Kapitel sind Tipps dargestellt, in denen es besonders um das Prinzip der Ressourcen- und Lösungsorientierung geht. Die meisten Maßnahmen dienen aber gleichzeitig auch der Umsetzung anderer Prinzipien, wie Tabelle 5 zeigt.

Tabelle 5: Zuordnung der Tipps der Unterrichtsebene aus dem Bereich der Ressourcen- und Lösungsorientierung zu den sechs Prinzipien

	Ressourcenorientierung	Barrierefreiheit	Kompetenz für Vielfalt	Zusammenhalt	Spezifische Hilfen	Erfolgreiches sichtbar machen
TIPP #5	✓		✓	✓		
TIPP #6	✓		✓			
TIPP #7	✓		✓	✓		✓
TIPP #8	✓		✓	✓		
TIPP #9	✓	✓	✓	✓	✓	
TIPP #10	✓	✓	✓		✓	
TIPP #11	✓		✓	✓	✓	
TIPP #12	✓		✓	✓		

TIPP #5: Eine Welt voller Gefühle

Der Mensch als soziales Wesen sendet und empfängt ständig kommunikative Signale. Neben sprachlichen Kommunikationsinhalten werden verbal und nonverbal auch Gefühle und Haltungen vermittelt. Um ein offenes, verstehendes und wertschätzendes Miteinander zu fördern, ist es wichtig, diese Signale verstehen und einordnen zu können, sodass auch Gefühle und Erlebensweisen angesprochen und reflektiert werden können. Im gemeinsamen Gespräch lernen Schüler*innen über Gefühle zu sprechen und auf ihre eigenen sowie die Gefühle anderer zu reagieren. Diese Kompetenz schafft Vertrauen in der Gruppe und zeigt Handlungsalternativen in allen möglichen Lebensbereichen auf, die sich nachhaltig auf ein positives Miteinander auswirken.

Schulstufe:	Primarstufe; je nach Aufarbeitung des Materials auch für die Sekundarstufe geeignet
Materialien:	Bild-Wort-Karten Gefühle; Arbeitsblatt Gefühle; Stuhlkreis
geeignet für:	alle Schüler*innen, die (auch mit Hilfsmitteln oder Assistenz) über ihr Erleben berichten können
Dauer:	mindestens 45 Minuten

Vorgehensweise:

Unsere Welt besteht aus vielen Gefühlen: Freude, Angst, Traurigkeit und auch Wut sind elementar für unser Erleben. Geht es uns gut, freuen wir uns. Befürchten wir Misserfolg oder andere unangenehme Situationen, meldet sich die Angst. Die Wut zeigt an, wenn unsere Bedürfnisse verletzt werden. Ähnlich wie auch die Traurigkeit Verletzungen und Schmerzen signalisiert.

Auch das Klassenleben in der Schulklasse ist voller Gefühle, sodass als Einführung in die Thematik gemeinsam mit den Kindern Berichte über emotionale Situationen zusammengetragen werden können. Zur visuellen oder kognitiven Erleichterung können auch Karikaturen, kleine Filmausschnitte oder Geschichten aus Büchern dabei helfen, in das Thema einzuführen.

Zunächst werden die Kinder gebeten, alle Gefühle zu benennen, die ihnen einfallen. Diese werden von den Schüler*innen oder der Lehrkraft auf einen DIN-A4 Zettel geschrieben und in die Mitte eines Stuhlkreises gelegt. Anschließend werden die Kinder gefragt, welche dieser Gefühle sie kennen. Die Lehrkraft moderiert die Rückmeldungen, in dem sie die aufgeschriebenen Gefühle nacheinander durchgeht. Die Kinder sollen kurz schildern, wann bzw. in welcher Situation sie das jeweilige Gefühl erlebt haben.

Anschließend werden die vier Bild-Wort-Karten mit den Gefühlen Freude, Trauer, Wut und Angst präsentiert und die Schüler*innen werden gebeten, die Gefühle der Person auf den Bildern zu beschreiben und zu benennen.

Im weiteren Verlauf gibt es eine Stillarbeitsphase, in der die Kinder auf dem »Arbeitsblatt Gefühle« zu den jeweiligen Gefühlen selbst (bzw. mithilfe ihrer Assistenz) aufschreiben sollen, wann sie sich wie die Kinder auf den Bildern fühlen: »Ich fühle mich glücklich, wenn …« oder »Ich fühle mich traurig, wenn …« etc.

Danach kann mit den Schüler*innen über die Gefühle gesprochen werden:

- Wer von euch kennt das Gefühl Freude, Ärger, Wut, Traurigkeit? In welcher Situation habt ihr es gefühlt?
- Was wünscht ihr euch: Wie soll von anderen auf eure Gefühle reagiert werden?
- Wie reagiert ihr selbst, wenn andere (besonders starke) Emotionen oder Gefühle zeigen?

Varianten:

- Für das Thema »Gefühle« gibt es vielfältige Materialien und Bücher, die von Karten über Spiele bis hin zu Sitzkissen reichen, auf denen Gesichter mit Gefühlen abgebildet werden. Diese können gut genutzt werden, um das Thema Gefühle in der Klasse zu thematisieren. Besonders zu empfehlen für den inklusiven

Unterricht sind z. B. die Smilies von KIKT-TheMa (www.kikt-thema.de) oder auch das »Gefühle-Quartett« von Ursula Enders und Dorothee Wolters. Als Spiel ist auch das »GefühlsMix Spiel« von Manfred Vogt und Franziska Vogt-Sitzler zu anzuraten, wenn das Sprechen über Gefühle in kleinen Gruppen im Fokus steht (www.mvsv.de).

- Sie können die Schüler*innen ihre Gefühle mimisch und mit dem ganzen Körper darstellen lassen und anschließend fotografieren und in der Klasse aushängen.
- Sie können aus den in diesem Tipp abgebildeten Bildern Gefühlskarten basteln und als Gefühlsbarometer nutzen, indem Sie z. B. im Morgenkreis nachfragen, wie es den Schüler*innen heute geht; auch lässt sich fragen, was getan werden kann, damit die Schüler*innen von einem negativen zu einem positiven Gefühl kommen.

Ähnliche Tipps hier im Buch:

► TIPP #1: Selfies
► TIPP #11: Improvisation mit Musik und Bewegung
► TIPP #21: Klassenrat

*Methodenvorschlag von: Sarah Hanglberger, Lehrerin an der Elisabeth-Weber-Schule in Würzburg und Mitarbeiterin der Inklusionsberatung des Schulamtes Würzburg für Schüler*innen der Grund- und Mittelschulen*

TIPP #6: Das geheimnisvolle Leben des Apfels

Betrachtet man die Äpfel an einem Marktstand, so sehen diese scheinbar alle gleich aus. Die Schüler*innen wählen sich in kleinen Gruppen einen Apfel aus und erzählen, welche Erfahrungen und Merkmale ihren Apfel ganz besonders machen.

Schulstufe:	Sekundarstufe
Materialien:	ein Sack Äpfel
geeignet für:	alle Schüler*innen, die sich (auch mit Hilfsmitteln) sprachlich ausdrücken können
Dauer:	45–60 Minuten

Vorgehensweise:

Während die Schüler*innen in einem Stuhlkreis sitzen, führt die Lehrkraft in die Methode ein, indem sie ein paar Ideen zu einem Apfelleben erläutert: »Die Äpfel, die ihr hier seht, habe ich gestern auf dem Markt gekauft. Sie sehen scheinbar alle gleich aus, und doch hat jeder von ihnen ein ganz eigenes, vielleicht abenteuerliches und geheimnisvolles Leben hinter sich. Und wenn man genau schaut, sind die Äpfel gar nicht gleich, denn die Form oder Punkte auf der Schale erinnern an vielfältige Erlebnisse.«

Die Schüler*innen werden nun gebeten, sich in Dreier- oder Vierergruppen zusammenzutun. Jede Gruppe bekommt nun einen Apfel und den Auftrag, ihren Apfel in einer ruhigen Ecke im Klassenzimmer genau zu erkunden:

- Welche Form hat er?
- Welche Farbe hat er?
- Gibt es Unterschiede in Form und Farbe?
- Hat er Punkte oder Macken an der Schale?
- Ist er groß oder klein?
- Wie kam es zu diesen Auffälligkeiten?

Nach der genauen Betrachtung des eigenen Apfels sollen die Schüler*innen in ihrer Gruppe gemeinsam eine Geschichte zum geheimnisvollen Leben ihres Apfels erfinden. Diese kann (und soll) kreativ und erfindungsreich sein und muss nicht möglichst nahe an der Realität sein. Als Hilfestellung können sich die Schüler*innen auf einem Zeitstrahl Stationen aufschreiben oder aufmalen, damit sie später in der Gruppe ihre Geschichte leichter erzählen können.

Nach ca. 20 Minuten kommen alle wieder zurück in den Stuhlkreis und legen ihren Apfel zurück in die Schale. Anschließend werden die Gruppen gebeten, ihren Apfel aus der Schale wieder in die Hand zu nehmen und die Geschichte ihres Apfels zu erzählen. Neben den kreativen Erzählungen wird die Gruppe bemerken, dass kein Apfel dem anderen gleicht und die Schüler*innen »ihren« Apfel meistens in der Schale sofort wiederfinden. Nach ihrer Erzählung legen sie den Apfel wieder zurück in die Schale und die nächste Gruppe ist dran.

Variante:
Natürlich können vielfältige andere Obst- und Gemüsesorten genommen und gewählt werden, die unterschiedliche Perspektiven erlauben. Tomaten wachsen beispielsweise in vielen Ländern der Welt, sodass hier eine große Heterogenität der Geschichten möglich wird. Ein Blick in Mittelmeerländer ermöglichen Südfrüchte, ähnlich wie exotische Früchte den Blick in die weite Ferne eröffnen. Manche Gemüsesorten zeichnen sich durch eine Heterogenität in der Form aus, wie z.B. Kartoffeln, sodass hier auch auf die verarbeitete Kartoffel (z.B. als Pommes) für die Erzählreise zurückgegriffen werden kann.

TIPP

Bericht aus der Praxis

Diese Methode hat der Autor in der Hochschule von einer Kolleg*in kennengelernt und führt sie seitdem gerne durch, um in Seminaren zum Thema Diversität und Vielfalt darauf aufmerksam zu machen, wie unterschiedlich die Lebensgeschichten von »gleich aussehenden« Dingen bzw. Menschen sein können und welchen Unterschied es macht, wenn man die Lebensgeschichten kennt. Über das Hintergrundwissen werden viele Dinge vertrauter und bekannter. Die Methode eignet sich gut dazu, im Anschluss über die Erfahrungen und Lebensgeschichten der Teilnehmer*innen zu sprechen.

Ähnliche Tipps hier im Buch:
► TIPP #1: Selfies
► TIPP #2: Meine Haltung
► TIPP #10: In den Schuhen der*des Anderen
► TIPP #49: Starschnitt

TIPP #7: Das Mutmachbuch

Die Schüler*innen einer Schulklasse sind vielfältige Persönlichkeiten, die sich durch ihre Erfahrungen, Biografien und Kompetenzen unterscheiden. Das Mutmachbuch stellt ein Medium dar, mit dem die Schüler*innen einer Klasse über sich selbst reflektieren und ihre Potenziale und Stärken in Erfahrung bringen können.

Schulstufe:	Ende der Primarstufe, Sekundarstufe
Materialien:	die erforderlichen Materialien und Arbeitsblätter werden bei jeder Unterrichtseinheit benannt
geeignet für:	alle Schüler*innen, die über sich reflektieren können
Dauer:	bis zu acht Unterrichtseinheiten à 45 Minuten

Vorgehensweise:

Die acht folgenden Einheiten bzw. Bausteine sind Vorschläge, wie eine Unterrichtssequenz zur Erstellung eines Mutmachbuchs aussehen kann. Die Lehrkraft kann die Inhalte und Abläufe jederzeit an die Bedarfe und Interessen anpassen. So ist sowohl eine Aufteilung auf acht Wochen als auch der Einsatz im Rahmen von zwei intensiven »Mutmachwochen« denkbar.

Einleitend stellt die Lehrkraft das Ziel des Projekts vor: »Schritt für Schritt erstellen wir in den folgenden Stunden ein Buch, indem ihr über eure Stärken, Interessen und Fähigkeiten nachdenkt und diese aufschreibt. Auf diese Weise kann uns deutlich werden, welche besonderen Potenziale jede Person in unserer Klasse mitbringt. In jeder Stunde werden Materialien erstellt, die am besten in einer »Schatzkiste« aufbewahrt werden. Die Gestaltung dieser Schatzkiste ist in der dritten Stunde vorgesehen. Am Ende können die Arbeitsblätter zu einem Mutmachbuch zusammengeheftet werden.«

Unterrichtseinheit 1: Mein Steckbrief »Das bin ICH«

Materialien: Arbeitsblatt »Das bin ich« für jede*n Schüler*in; mitgebrachtes Foto von sich selbst oder Digitalkamera/Smartphone; Drucker; Kleber; Schere

In der ersten Unterrichtseinheit geht es darum, über eigene Bedürfnisse und Vorlieben nachzudenken. Zu diesem Zweck teilt die Lehrkraft das Arbeitsblatt »Das bin ICH« aus und bittet die Kinder, den Steckbrief mit den Bereichen »Name«, »Mein Geburtstag«, »Ich wohne in«, »Hier fühle ich mich wohl« und »Das mache ich gerne« auszufüllen. Anschließend soll ein Foto unter dem Motto »Das bin ich … so wie ich mir gefalle« aufgeklebt werden.

Jüngeren Kindern kann der Auftrag gegeben werden, ein Foto von zuhause mitzubringen, Jugendliche hingegen möchten sich meist lieber in einem »Selfie« ablichten oder sich auf einem Foto auf eine bestimmte Art und Weise präsentieren. Zu diesem Zweck reflektieren die älteren Schüler*innen darüber, wie sie sich darstellen wollen, und bitten ggf. anschließend eine*n Mitlernende*n, das Foto in der gewünschten Position aufzunehmen. Die Schüler*innen oder die Lehrkraft drucken die Fotos zur nächsten Stunde aus, um sie dann in das erste Blatt einzukleben.

Das Arbeitsblatt verbleibt entweder bei den Schüler*innen oder wird von der Lehrkraft eingesammelt.

Das bin ICH!

Name:

Geburtstag:

Ich wohne in:

Hier fühle ich mich wohl:

Das mache ich gerne:

Unterrichtseinheit 2: Selbstreflexion »Was mich ausmacht ...?«

Materialien: Bilderbuch »Das kleine Ich bin Ich« von Mira Lobe, Arbeitsblatt »Das mag ich an mir – Das kann ich gut – Das macht mich einzigartig« sowie Arbeitsblatt »Kennst du das?« für jede*n Schüler*in.

Die zweite Einheit beginnt mit dem Vorlesen des Buches »Das kleine Ich bin Ich« von Mira Lobe, in dem das kleine Ich erfährt, dass es einmalig ist und dass dies auch gut so ist.

Die Schüler*innen bekommen anschließend den Auftrag herauszuarbeiten, was sie auszeichnet, wer sie sind und was sie von anderen unterscheidet. Dafür erhalten sie das Arbeitsblatt »Das mag ich an mir –

Das mag ich an mir:	Das kann ich gut:	Das macht mich einzigartig:

Das kann ich gut – Das macht mich einzigartig«.

Besteht im Rahmen dieser Auseinandersetzung aus Sicht der Lehrkraft noch die Notwendigkeit, das Thema Selbstzweifel anzusprechen (häufig ist dieses Thema für Jugendliche relevant), dann kann das Arbeitsblatt »Kennst du das?« noch vor dem Arbeitsblatt »Das mag ich an mir – Das kann ich gut – Das macht mich einzigartig« ausgeteilt werden. Es vermittelt, das Unsicherheiten und Selbstzweifel normal sind.

Kennst Du das?

Du denkst:

... »andere sind besser oder schöner«

... »die Aufgabe schaffe ich niemals«

... »das versuche ich gar nicht erst«

... »ich bin weniger wert«

Zweifeln ist manchmal gut, weil man dann etwas Neues lernen kann. Wenn man aber an sich zweifelt, glaubt man nicht an sich selbst und an das, was man schaffen kann. Das nennt man auch Selbstzweifel.

Das passiert jedem! Man sieht oft nur das, was man nicht kann.

Hast Du schon einmal überlegt, was Du gut kannst oder was gut an Dir ist?

Unterrichtseinheit 3: Fremdreflexion »Was andere über mich denken ...?«

Materialien: Papier; Sicherheitsnadeln oder Klebestreifen, Kartons in der Anzahl der Schüler*innen, Dekomaterial zum Verzieren; Briefumschläge (DIN-C4-/DIN-A4-Format), Arbeitsblatt »Brief an meine Mitschüler*innen«; Urne mit Papierzetteln mit den Namen der Schüler*innen in dreifacher Ausfertigung

Diese Einheit beginnt mit einer »Warmen Dusche«. Zu diesem Zweck bekommt jedes Kind bzw. jeder Jugendliche einen Zettel mit Sicherheitsnadeln oder Klebestreifen an den Rücken seiner Kleidung befestigt. Anschließend sollen alle Mitschüler*innen positive Eigenschaften, Stärken oder anerkennende Worte auf die Zettel ihrer Klassenkamerad*innen schreiben. Dabei soll jedes Kind/jede*r Jugendliche versuchen, bei jeder*jedem etwas zu finden, dass sie*er auf dessen Zettel schreiben kann. Abschließend lesen die Kinder/Jugendlichen den eigenen Zettel.

Nach dem Einstieg »Warme Dusche« kann die Lehrkraft das Projekt des Mutmachbuchs erläutern, indem sie auf den positiven Wert der Rückmeldungen von anderen zur eigenen Person hinweist: »Das Mutmachbuch ist ein Buch, in dem alle Materialien, die wir in den letzten Wochen bereits erstellt haben und in den nächsten Woche noch erstellen werden, zusammengetragen werden. Dieses Buch kann immer wieder herangezogen werden, wenn ihr euch unsicher fühlt«.

Je nach Alter können in dieser Einheit Schatzkisten gebastelt werden, die zum Sammeln der Materialien dienen, bevor sie etwas später zum Mutmachbuch gebunden werden. Alternativ können auch Umschläge im DIN-C4-Format zum Sammeln der Materialien ausgeteilt werden.

Im Anschluss erhalten die Schüler*innen den Auftrag, einen Brief an jeweils drei Mitschüler*innen mit den Inhalten »Das mag ich an dir«, »Das kannst du gut« und »Deswegen bist du wichtig für die Klasse« zu schreiben. Das Arbeitsblatt »Brief an die Klassenkameraden« kann hierfür ausgeteilt werden. Damit die Kinder und Jugendlichen für ihre Briefe genügend Zeit haben, empfiehlt es sich, für diese Aufgabe drei Freiarbeitszeitfenster von ca. 15 Minuten Zeit (z.B. über die Woche verteilt) einzuplanen. Die Briefe können anschließend in einen Umschlag gelegt, mit Namen beschriftet und verschlossen der Lehrkraft gegeben werden (Anmerkung: Um zu gewährleisten, dass jedes Kind/jeder Jugendliche einen Brief bekommt, empfiehlt es sich, die Namen der Kinder/Jugendlichen dreimal aufzuschreiben und in eine Urne zu geben, sodass jedes Kind/jeder Jugendliche drei Namen von Mitschüler*innen ziehen kann. Zieht ein Kind/Jugendlicher mehrfach einen gleichen Namen, legt es diesen wieder zurück und zieht noch einmal).

Liebe/r

Das mag ich an Dir

Das kannst Du gut

Deswegen bist Du für die Klasse wichtig

Vertiefend kann in dieser Einheit wieder ein Foto für das Buch erstellt werden, wobei die Schüler*innen diesmal nur die Fotografin/den Fotografen, nicht aber die Art und Weise der Aufnahme bestimmen dürfen. Das Motto des Fotos ist diesmal: »Das bin ich, so wie ich anderen gefalle«.

Unterrichtseinheit 4: Gemeinsamkeiten finden

In dieser Einheit geht es darum, Gemeinsamkeiten zwischen den Schüler*innen der Klasse zu finden. Zu diesem Zweck eignen sich Spiele aus den folgenden Kapiteln zur Kompetenz im Umgang mit Vielfalt oder zum Zusammenhalt und Gemeinschaftssinn: *TIPP #27: »Weiterrutschen darf, wer …«* oder *TIPP #31: Spurensuche.*

Falls die Lehrkraft die Briefe der Mitschüler*innen verwahrt hat, kann sie diese in der vierten Einheit austeilen.

Unterrichtseinheit 5: Gestaltung des Mutmachbuches

Materialien: weißes Tonpapier ca. 200 g/qm im DIN-A3-Format als Umschlag für das Mutmachbuch; Farben (Wasserfarben, Buntstifte, Filzstifte, Acrylfarben etc., ggf. Marmorierfarben für die Schüler*innen mit geringeren feinmotorischen Kompetenzen); Schere, Kleber, Tonpapier in bunten Farben

In der fünften Einheit wird das Mutmachbuch erstellt. Dazu wird zunächst in einer künstlerischen Einheit der Umschlag aus dem Karton im DIN-A3-Format hergestellt, wobei den Schüler*innen freigestellt werden sollte, ob sie lieber zeichnen, malen oder ihren Umschlag mit ihnen wichtigen Bildern, Fotos oder Zeitungsausschnitten bekleben wollen. Für Kinder mit geringeren feinmotorischen Kompetenzen eignet sich hier die Mamoriertechnik, bei der beispielsweise ein Backblech mit Wasser befüllt und anschließend Marmorierfarbe auf die Wasserdecke geträufelt wird. Abschließend kann das DIN-A3-Blatt auf das Wasser gelegt werden, sodass es die Farbe annimmt.

Ist der Buchumschlag fertig kann das Kind entscheiden, welche Papiere aus der Schatzkiste in das Buch eingebunden werden sollen und diese Papiere in den A3-Mantelbogen legen. Ganz am Ende des Projektes nach der Unterrichtseinheit 8 können die Papieren mit Klebeband festgeklebt oder mit Heftklammern geheftet werden.

Unterrichtseinheit 6:
Meine schönen Erlebnisse

Materialien: z. B. Geschichte (z. B. »Das Piratenschiff« aus *TIPP #20* oder Kapitel 2 aus Astrid Lindgrens »Ronja Räubertochter«; Arbeitsblatt »Auf diese Momente bin ich stolz«; ggf. Fotos von besonderen Momenten

Inhaltlich geht es in der sechsten Einheit um die Vergegenwärtigung positiver Erlebnisse. Zu diesem Zweck kann mit einem Kinder- oder Jugendbuch eingeleitet werden, in dem eine Person Herausforderungen meistert (z. B. »Das Piratenschiff« aus *TIPP #20* oder Kapitel 2 aus Astrid Lindgrens »Ronja Räubertochter«). Anschließend werden die Schüler*innen gebeten, sich im Gespräch mit einer*einem Partner*in darüber auszutauschen, welche Herausforderungen sie erlebt haben und worauf sie besonders stolz sind. Im Anschluss füllen die Schüler*innen das Arbeitsblatt »Auf diese Momente bin ich stolz« aus. Neben kurzen Sätzen oder Stichworten können die Kinder oder Jugendlichen Bilder malen oder von zuhause Fotos von Situationen oder Erlebnissen mitbringen. Die Vergegenwärtigung positiver Erlebnisse mithilfe des Mutmachbuches kann den Schüler*innen Kraft und Mut für die Bewältigung zukünftiger schwieriger Situationen geben und ihnen deutlich machen, dass sie viele Herausforderungen bewältigen können.

Unterrichtseinheit 7: Mein Beitrag für die Klasse

Materialien: weißes DIN-A4-Blatt, Digitalkamera oder Smartphone

Mit Bezug zu den Briefen, die die Schüler*innen von ihren Mitschüler*innen erhalten haben und in denen beschrieben wurde, warum die Empfänger*innen der Briefe wichtig für die Klasse sind, wird in der Unterrichtseinheit das Thema »Mein Beitrag für die Klasse« behandelt. Jedes Kind überlegt sich nun selbst, warum es selbst wichtig für die Klasse ist und welchen Beitrag es zum Klassenverbund leistet.

Um die Beantwortung der Frage zu erleichtern, startet die Einheit mit einem Brainstorming zur Klassensituation (Anmerkung: An dieser Stelle können gut die Tipps und Übungen aus dem Kapitel zum Zusammenhalt genutzt werden, z. B. *TIPP #28: Unsere Klasse*):

- Was zeichnet uns als Klasse aus?
- Was können wir in der Klasse gut?
- Was macht uns in der Schule zu einer einmaligen Klasse?
- Was verbindet und in der Klasse?
- Welche Werte sind uns wichtig?

Anschließend sollen die Schüler*innen sich ihrem eigenen positiven Beitrag zur Klassensituation bewusstwerden. Während bei älteren Kindern/Jugendlichen die Erarbeitung in Dreier- oder Vierergruppen zu empfehlen ist, eignet sich bei jüngeren Kindern eine Erarbeitung in der ganzen Klasse mit Unterstützung durch die Lehrkraft.

Am Ende des Austausches sollte jedes Kind sich zumindest eines positiven Beitrages zum Klassenverbund bewusst sein. Dieser kann anschließend auf einem weißen DIN-A4-Blatt bildlich aufgemalt oder auf einem Foto festgehalten werden. Soll ein Foto erstellt werden, können sich die Kinder und Jugendlichen überlegen, wie sie ihren Beitrag am besten in einem Foto präsentieren können (z. B. Pose, Foto eines Gegenstandes, Foto einer Situation). Sind die Bilder gemalt oder die Fotos ausgedruckt, sollen sie später zusätzlich in Form eines großen Bildes (z. B. einer Klassencollage) zusammengefügt werden und in der Klasse aufgehängt werden. So wird deutlich, dass jedes Kind für die Klasse wichtig ist und einen wichtigen Beitrag für die Klasse leistet. Wird die Klassencollage später abgehängt, erhalten die Kinder ihr Bild zurück und können es in ihr Mutmachbuch heften.

Hat die Klasse weiteres Interesse, über den Klassenverbund zu reflektieren, kann sie sich überlegen, wie sich die Klasse optimal auf einem Foto präsentieren kann, sodass das Besondere der Klasse mit ihren einzelnen Mitgliedern verdeutlicht wird.

Unterrichtseinheit 8: Vorbereitung der Ausstellung

Materialien: Getränke, ggf. Einladung von Gästen, z. B. Mitschüler*innen aus den Parallelklassen

Um die Ergebnisse des Klassenprojektes abschließend noch einmal zu reflektieren, wird zum Abschluss eine Ausstellung in der Klasse vorbereitet. Eine ansprechende Ausstellungseröffnung (mit Getränken und Gästen) gibt dem Projekt einen würdigen Rahmen. Die Ausstellung wird von der Lehrkraft und den Schüler*innen gemeinsam aufgebaut.

Gemeinsam entscheiden die Schüler*innen, welche Beiträge in der Klasse ausgestellt werden sollen. Es empfiehlt sich der Aushang der Klassencollage sowie der Steckbriefe der Schüler*innen aus der ersten Einheit, ggf. kann – sofern denn erstellt – das Foto aus der Mitschüler*innenperspektive aus der dritten Einheit ergänzt werden.

Methodenvorschlag von: Janina Fendt, Jeannette Schmidt, Matthias Spies, Kathrin Zimmerlein sowie Christian Walter-Klose

TIPP #8: Das Frage-und-Antwort-Spiel

Das Frage- und Antwort-Spiel ist ein kleines Ballspiel, um sich gegenseitig kennenzulernen, indem sich Fragen gestellt werden. Die Schüler*innen können dadurch die Lebenssituation und persönliche Vorlieben und Abneigungen ihrer Mitschüler*innen kennen lernen.

Schulstufe:	Primar- und Sekundarstufe
Materialien:	Ball; ggf. Fragen, die bei Schüler*innen mit technischen Kommunikationshilfen schon vorbereitet werden (z. B. in einen Talker einspeichern)
geeignet für:	alle Schüler*innen
Dauer:	15–20 Minuten

Vorgehensweise:
Die Schüler*innen sitzen in einem Kreis und rollen sich gegenseitig einen Ball zu. Bei motorisch geschickten Kindern und Jugendlichen kann der Ball auch geworfen werden. Die Person, die den Ball gerollt oder geworfen hat, stellt der*-dem Mitschüler*in Fragen zu Interessen, Vorlieben oder der Lebenssituation, z. B.:

- »Wie heißt deine Mutter?«
- »Was ist deine Lieblingsfarbe?«
- »Wie alt bist du?«
- »Was isst du am liebsten?«

Hat die befragte Person die Frage beantwortet, wird der Ball an eine*n andere*n Mitschüler*in weitergerollt und erneut eine Frage gestellt. Im Rahmen des Spiels dürfen Fragen jeglicher Art gestellt werden. Ob das Kind die Frage beantworten möchte, bleibt ihm überlassen. Wird eine Frage verletzend, peinlich, diskriminierend oder als zu intim erlebt, kann die*der Schüler*in mit dem Satz »Diese Frage möchte ich nicht beantworten!« antworten. Wird das erste Mal eine Frage dieser Art gestellt, kann die Lehrkraft vor der Antwort des Kindes betonen, dass es Fragen gibt, die man »einfach nicht beantworten möchte«, da sie verletzend, peinlich oder diskriminierend sind und dass es hier »besonders stark« von einer Person ist, dies ist auch zu sagen. In diesem Fall darf eine neue Frage gestellt werden.

Schüler*innen, die mit technischen Hilfen (z. B. einem Talker) kommunizieren, können die Frage, die sie stellen wollen, mit ihrem Talker vorbereiten. Um das Prozedere während des Spiels zu vereinfachen, können bereits zuvor Fragen in den Talker eingespeichert werden, aus denen die Kinder und Jugendlichen dann auswählen können.

Variante:

Eine interessante Variante ist es, mögliche Fragen im Vorfeld zu sammeln und diese auf einen Ball zu schreiben oder auf Etiketten aufgedruckte Fragen auf einen Ball zu kleben. Bei einem Fußball ergeben sich auf diese Weise bis zu 32 Fragemöglichkeiten. Neben Fragen können aber auch gerne auflockernde Aktivitäten ergänzt werden (»Krähe wie ein Hahn«), die von allen Kindern und Jugendlichen bewältigt werden können und das Spiel auflockern. Der Ball wird einander zugeworfen. Es ist die Frage zu beantworten bzw. Aufgabe zu bewältigen, auf die der Daumen der rechten Hand der fangenden Person zeigt.

TIPP

Bericht aus der Praxis:

Die Variante mit den beschrifteten Bällen wurde vom Autor in vielen Gruppen mit Jugendlichen und Erwachsenen erfolgreich eingesetzt.

Ähnliche Tipps hier im Buch:

- TIPP #12: Das Meister-Spiel
- TIPP #27: »Weiterrutschen darf, wer …«

Methodenvorschlag von: Elke Rathmann, Lehrerin an der Fritz-Felsenstein-Schule, Königsbrunn

TIPP #9: Das Klassengespräch

Eine Schulklasse ist sehr heterogen – egal ob in der Regel- oder Förderschule – und jedes Kind erlebt die Klassensituation individuell auf seine Art und Weise. Ein wesentlicher Aspekt des gemeinsamen Unterrichts ist es, die Sensibilität im Umgang miteinander zu fördern und die Fähigkeit, sich in andere einzufühlen, zu lernen. An diesem Punkt setzt das Klassengespräch an. Es unterstützt Kinder mit Beeinträchtigung, die den Wunsch haben, ihre Mitschüler*innen über ihre Behinderung und ihre Auswirkungen auf das schulische Leben zu informieren. Auf diese Weise können Verständnis entstehen und Lösungen für verschiedene Probleme gefunden werden.

HINTERGRUNDWISSEN

In einer kanadischen Studie fanden die Wissenschaftler*innen Doubt und McColl (2003) heraus, dass Jugendliche mit einer Körperbehinderung vier Strategien anwendeten, um in der Klasse mit der Behinderung umzugehen: Während einige sich bemühten, nicht aufzufallen und sich in der Klasse möglichst angepasst zu verhalten, hatten andere die Methode gewählt, sich selbst über die eigene Beeinträchtigung lustig zu machen, während andere ihre Stärken in den Fokus stellten. Eine vierte, oft beobachtete Strategie im Umgang mit der eigenen Behinderung war es, diese den Klassenkameraden zu erklären. Hier setzt das Klassengespräch an.
Gleichzeitig verweist die Studie auch darauf, dass nicht alle Kinder das Bedürfnis haben, ihre Beeinträchtigung zum Thema in der Klasse zu machen. In diesem Sinne ist der Wille des Kindes, andere über die Beeinträchtigung zu informieren, ebenso wichtig für den Einsatz dieser Methode wie die realistische Einschätzung des Klassenklimas durch die Lehrkraft: Letzteres sollte möglichst offen und von Interesse und Toleranz geprägt sein.

Schulstufe:	Sekundarstufe
Materialien:	Fotos, Bilder, Broschüren, die helfen, die Krankheit, Beeinträchtigung oder Behinderung für die Zielgruppe zu verstehen
geeignet für:	alle Schüler*innen
Dauer:	45–60 Minuten

Vorgehensweise:

Äußert eine Schülerin oder ein Schüler den Wunsch, die anderen Kindern bzw. Jugendlichen in der Klasse über ihre*seine Behinderung zu informieren, entsteht die Chance, im Rahmen eines Klassengesprächs über Einflüsse der Behinderung auf das Leben in der Schule zu sprechen. Zentral für ein Klassengespräch sind dabei das Klassenklima und die Bereitschaft, jede*n, so wie sie*er ist, anzunehmen.

In einem ersten Schritt wird geklärt, wer das Klassengespräch moderiert. Neben der Klassenlehrer*in kann manchmal eine Beratungslehrkraft, die sich mit den Auswirkungen der jeweiligen Behinderungsform besonders gut auskennt, für die Vorbereitung und Moderation des Klassengesprächs hilfreich sein.

In einem Vorgespräch trägt die Lehrkraft gemeinsam mit dem Kind bzw. Jugendlichen – manchmal empfiehlt es sich, auch die Erfahrungen der Eltern einzubeziehen – wichtige Inhalte zusammen, die die Behinderung, die Symptome und die Auswirkungen der Behinderung auf das Lernen und das Leben in der Schule betreffen. In diesem Zusammenhang können auch Nachteilsausgleiche, Hilfsmittel und weitere Unterstützungserfordernisse benannt und mögliche Unsicherheiten im sozialen Kontakt besprochen werden.

- Wie zeigt sich deine Beeinträchtigung?
- Inwiefern – glaubst du – unterscheidet sich das Leben mit deiner Beeinträchtigung von dem deiner Mitschüler*innen?
- Wie wirkt sich die Beeinträchtigung auf dich in der Schule aus?
- Welche Dinge helfen dir und welche Dinge behindern dich? Was wünschst du dir von deinen Mitschüler*innen – wie sollen sie mit dir am besten umgehen?
- Was ist dir wichtig, das deine Mitschüler*innen über deine Behinderung wissen sollen?

Je nach der individuellen Beeinträchtigung und der speziellen Klassensituation können selbstverständlich weitere Fragen ergänzt werden.

Das Vorgespräch wird mithilfe der dargestellten Leitfragen geführt. Dadurch weiß das Kind bzw. die jugendliche Person, welche Fragen in dem Klassengespräch auf es bzw. sie zukommen und kann sich gut darauf vorbereiten. Zudem vermittelt diese Vorgehensweise der Person mit Behinderung Sicherheit. Wenn das Kind mit Beeinträchtigung einverstanden ist, sollten die Mitlernenden ermutigt werden, ebenfalls ihre Fragen zu stellen, um das Leben mit einer Behinderung besser verstehen zu können.

Je nach Klassenkultur kann das Klassengespräch im Rahmen eines wöchentlichen Klassenrates oder als Präsentation in einer Einzelstunde durchgeführt werden. Bei der Moderation dienen die aufgeführten Fragen ebenso als Strukturierungshilfe.

Ähnliche Tipps hier im Buch:

► TIPP #1: Selfies
► TIPP #6: Das geheimnisvolle Leben des Apfels

TIPP

Für ein Klassengespräch mit einem Kind bzw. Jugendlichen mit einer Autismus-Spektrum-Störung (ASS) hat die Ideengeberin dieser Methode, Frau Carl, zusammen mit Frau Dr. Taurines, im Rahmen eines Seminars eine Broschüre entwickelt, die für die Vorbereitung und Durchführung eines Klassengesprächs hilfreich ist. Hier sind vielfältige Merkmale aufgeführt, die bei vielen Menschen mit Autismus auftreten und deren Erklärung anderen das Verhalten und Erleben der Betroffenen verständlich machen. Die Broschüre finden Sie unter dem Unterpunkt »Unsere Projekte« auf folgender Webseite: www.verein-menschenskinder.de

Methodenvorschlag von: Birgit Carl, Förderschullehrerin an der Wichern-Schule Würzburg und Ansprechpartnerin für Autismus beim Mobilen Sonderpädagogischen Dienst

TIPP #10: In den Schuhen der*des Anderen

Um zu verstehen, wie sich eine andere Person fühlt, ist es hilfreich, einmal die Perspektive zu wechseln und der Weisheit »in den Schuhen der*des Anderen zu gehen« zu folgen. Im Rahmen des vorliegenden Tipps für den Unterricht finden Sie die Anleitung für den Perspektivenwechsel in der Klasse.

Schulstufe:	Sekundarstufe
Materialien:	Schuhe der Kinder bzw. Jugendlichen, ggf. Strümpfe; Kippbilder bzw. Bilder, auf denen optische Täuschungen dargestellt sind
geeignet für:	alle Kinder und Jugendlichen, die sich in die Perspektive anderer Menschen hineinversetzen können; für Schüler*innen, denen der Austausch der Schuhe unangenehm ist, ist das Spiel nicht geeignet, ebenso für Schüler*innen, denen es aktuell emotional nicht gut geht
Dauer:	45 Minuten

Vorgehensweise:

Die Einheit beginnt, indem in der Klasse darüber gesprochen wird, dass jeder Mensch seine Welt individuell wahrnimmt. Diese »konstruktivistische« Perspektive lässt sich gut durch Kippbilder oder optische Täuschung verdeutlichen, z. B. das bekannte Bild mit der jungen und der alten Frau (unter: www.sehtestbilder.de/optische-taeuschungen-illusionen/illusion-alte-oder-junge-frau-sehtest.php): Was für die eine Person eine junge Frau ist, nehmen andere als eine alte Dame wahr. Bei den Kippbildern geschieht der Perspektivenwechsel meistens automatisch, sodass es den Betrachter*innen nach kurzer Zeit gelingt, beide Bilder zu sehen. Dies ist im Alltag nicht immer so, sodass es von Vorteil ist, sich bewusst in die Perspektive einer anderen Person hineinzuversetzen.

Nach der Einführung in die Thematik wird die Aufgabe vorgestellt: Die Schüler*innen sollen sich in Paaren zusammenfinden und in einem ersten Schritt die Perspektive der Schulsituation des Gegenübers kennenlernen und Unterschiede sowie Gemeinsamkeiten herausarbeiten. Hilfreich ist es, wenn die Paare unterschiedlich sind: Junge und Mädchen, muslimische und christliche Religionszugehörigkeit, Denker*in und Künstler*in etc., außerdem sollten die Paare in etwa die gleiche Schuhgröße haben. Haben Kinder keine oder spezialangefertigte Schuhe können auch Strümpfe verwendet werden, die die Schüler*innen zur Stunde mitbringen und die die Schüler*innen über ihre eigenen überziehen.

Mögliche Fragen können sein:

- Was gefällt dir an der Schule? Welche Fächer magst du?
- Gehst du gerne zur Schule?

- Wie kommst du morgens zur Schule (entspannt, hektisch ...)?
- Was läuft gut in der Schule für dich? Welche Fächer magst du?
- Was würdest du besser machen?
- Wie geht es dir in der Klasse?
- Wie ist es morgens für dich in die Schule zu kommen?
- Hast du Angst in der Schule?
- Wo fühlst du dich in der Schule am wohlsten? Welche Ecke in der Schule magst du am wenigsten.

Nach diesem Austausch sollen die Schüler*innen die Schuhe mit ihren Partner*innen tauschen (bzw. die Strümpfe der Partner*innen über die eigenen ziehen) und versuchen nachzuspüren, wie sich die Schule in der neuen Fußbekleidung anfühlt. Wie ist es, sich in den Schuhen der*des Anderen in der Schule zu bewegen? Wie ist die Situation, morgens hektisch in die Schule zu kommen? Wie fühlt es sich an, zu seinem Lieblingsunterricht zu gehen? Für letztere Aufgabe sollen die Schüler*innen in den Schuhen der*des Anderen die verschiedenen Orte der Schule aufsuchen und versuchen, die Freude, den Ärger, die Unsicherheit oder den Stolz der anderen Person nachzuerleben.

Ein letzter Schritt dieser Übung betrifft die Suche nach Vor- und Nachteilen der jeweiligen Situation, die die Paare wieder gemeinsam überlegen sollen:

- Was sind die Vorteile und was sind die Nachteile der Ängste oder der eigenen Selbstsicherheit?
- Wofür und in welcher Situation kann eine Angst, eine Wut oder eine Unsicherheit von Vorteil sein?
- In welchem Kontext ist die Fähigkeit, ein negatives Gefühl zu haben, von großem Nutzen und Gewinn?
- Zu welchem Nachteil führt z. B. ein besonderes Interesse an Sport oder die Vorliebe für ein besonderes Hobby? Warum ist das Interesse, die Vorliebe für die Person trotzdem wichtig?

Abschließend kommt die Klasse im Plenum zusammen und berichtet von ihren Erfahrungen in der Welt der*des Anderen, indem jede Person erzählt, was sie*ihn herausgefordert hat, was ihr*ihm gut gefallen hat und welche Stärken der*des Anderen sie*er kennengerlernt hat.

Ähnliche Tipps hier im Buch:

► TIPP #2: Meine Haltung
► TIPP #6: Das geheimnisvolle Leben des Apfels
► TIPP #17: Fantasiereise zur Reduktion von Vorurteilen
► TIPP #26: An den Rollstuhl fesseln

TIPP #11: Improvisation mit Musik und Bewegung

Die Improvisation mit Musik und Bewegung ist ein musikalisches, rhythmisches und tänzerisches Angebot, bei dem alle Schüler*innen ihre Fähigkeiten gleichberechtigt einbringen können. Durch das Aufgreifen der Impulse der Mitschüler*innen entsteht in der Klasse ein gemeinsames musikalisches Ereignis.

Schulstufe:	Primar- und Sekundarstufe
Materialien:	Klassenraum mit Bewegungsfläche; Musikinstrumente oder Alltagsgegenstände, mit denen Klänge erzeugt werden können (z. B. Becher, Töpfe, Stifte, Schultaschen, Bücher, Stühle, Gläser); Bilder von Emotionen oder Stimmungen
geeignet für:	alle Kinder und Jugendlichen, die Klänge erzeugen und auf Bewegungen und Töne ihrer Mitmenschen reagieren können
Dauer:	45 Minuten

Vorgehensweise:

Zu Beginn der Stunde kommen die Schüler*innen zusammen und erkunden verschiedene Musikinstrumente und Alltagsgegenstände, mit denen sich Klänge erzeugen lassen. Neben dem eigenen Körper befinden sich vielfältige Objekte im Raum, mit deren Hilfe Töne, Geräusche oder Rhythmen gemacht werden können. Auch können Laute mit der Stimme oder Geräusche mithilfe von behinderungsbezogenen Hilfsmitteln (z. B. Langstock, Talker für die unterstützte Kommunikation) erzeugt werden.

Als Nächstes kommen die Kinder bzw. Jugendlichen in einem Stuhlkreis zusammen und betrachten ein Bild, auf dem Gefühle oder Stimmungen dargestellt sind, die aus Sicht der Lehrkraft für die Klasse von Bedeutung sind (z. B. fröhlich im Sonnenschein, aktiv im Schwimmbad oder nachdenklich im Wald). Das Bild ist der Ausgangspunkt für ein Gespräch in der Sitzrunde und die Kinder bzw. Jugendlichen sprechen über ihre Vorstellungen zu den Stimmungen oder Gefühlen: Was bedeuten Angst, Hektik, ein ruhiger Tag am Meer für euch und wie fühlt sich das für euch an? Wie ist es, Gedankenversunken durch den Wald zu gehen? Wisst ihr noch, als ihr das letzte Mal im Schwimmbad gewesen seid?

Nun wird die Gruppe aufgeteilt: Während die eine Hälfte der Schüler*innen zur Musikergruppe wird, wird die andere Hälfte zur Gruppe der Tanzenden. Die Musiker*innen fangen an. Auf Grundlage des Gedankenaustausches zu dem Bild und den Stimmungen beginnt eine Person musikalisch zu improvisieren, indem sie einen Ton, einen Rhythmus vorgibt, der für sie zu dem Bild passt. Schritt für Schritt steigen die anderen ein und drücken ihr Gefühl zu dem Bild aus. Dabei erzeugen sie einen eigenen Ton, ein eigenes Geräusch, wiederholen die Tonfolge ihrer Mitschüler*innen. Häufig ergibt sich in diesem Miteinander ein gemeinsamer Takt – falls nicht, kann dieser von der Lehrkraft im Laufe der Improvisation vorgegeben werden. Auf diese Weise entsteht ein musikalischer Ausdruck der Stimmung und Gefühle.

Der musikalische Prozess geht weiter, indem die Tänzergruppe nun beginnt, sich zu der von der Musikergruppe improvisierten Musik zu bewegen. Die Bewegungen beeinflussen wiederum die Musiker*innen und so entsteht ein Wechselspiel zwischen den beiden Gruppen. Sie beziehen sich aufeinander und stehen im gegenseitigen Austausch.

Nach dieser Improvisation wird besprochen:

- Was passierte während des Improvisierens?
- Gab es eine Handlung?
- Welche Stimmungsmerkmale wurden dargestellt?

Im Gespräch mit den Schüler*innen können schließlich einzelne Signalpunkte herausgearbeitet werden, um Abschnitte der Improvisation zu markieren. So kann z. B. vereinbart werden, dass beim Ertönen eines Lautes, eines Instrumentes oder bei der Änderung eines Rhythmus ein neuer Handlungsabschnitt der Improvisation entsteht, und das ganze Stück kann sich von Mal zu Mal weiterentwickeln.

Variante:
Aus der einzelnen Improvisation kann Schritt für Schritt auch ein zusammenhängendes, längeres Stück entstehen. Zu diesem Zweck müssen Reihenfolge und Eckpunkte sowie wesentliche Merkmale der Improvisation festgehalten werden.

TIPP

Die Improvisation mit Musik und Bewegung bietet für Kinder bzw. Jugendliche mit den unterschiedlichsten Kompetenzen eine Möglichkeit, die eigenen Fähigkeiten einzubringen und zu dem gemeinschaftlichen Musik- und Tanzstück etwas beizutragen. Dabei ist es für alle Kinder und Jugendlichen erforderlich, die Emotionen, Stimmungen, Töne und Bewegungen der Mitschüler*innen wahrzunehmen und sensibel für die individuellen Ausdrucksmöglichkeiten zu sein. Auf der Grundlage eines guten Klassenklimas, in dem alle Beteiligten Wertschätzung erfahren, kann so in einem leistungsfreien Kontext die Klassengemeinschaft erlebt werden.

Ähnliche Tipps hier im Buch:

- ► TIPP #29: Lieblingslieder rhythmisch untermalen
- ► TIPP #31: Spurensuche
- ► TIPP #34: Zirkus und Bewegungskünste

Methodenvorschlag von: Barbara Groß (Fachleitung Musik), Lehrerin am Matthias-Grünewald-Gymnasium in Würzburg

TIPP #12: Das Meister-Spiel

Als kurzes Bewegungsspiel zwischendurch sollen die Schüler*innen einem Kind die Hand geben, das eine Fähigkeit – aus ihrer Sicht – am besten beherrscht.

Schulstufe:	Primar- und Sekundarstufe
erforderlich:	Klassenraum mit Bewegungsfläche, Pausenhof oder Turnhalle; Vorüberlegungen zu den besonderen Fähigkeiten aller Schüler*innen
geeignet für:	alle Kinder und Jugendlichen
Dauer:	10 Minuten

Vorgehensweise:

Zur Auflockerung in der Schulstunde oder vor Beginn eines inhaltlichen Austausches über Stärken und Fähigkeiten kann das Meister-Spiel gespielt werden. Zu diesem Zweck stehen alle Schüler*innen auf und bekommen die Aufgabe, durcheinander durch den Raum zu gehen. Anschließend fordert die Lehrkraft dazu auf, den Kindern bzw. Jugendlichen die Hand zu geben, die eine Fähigkeit am besten beherrschen. So können Aufforderungen beispielsweise lauten:

»Gebt der Person die Hand, die aus eurer Sicht…

- … am schnellsten sprechen kann!«
- … gut zuhören kann!«
- … die schönste Schrift hat!«
- … in der Klasse am längsten ruhig sein kann!«
- … sich auch ohne Licht am besten zurechtfinden kann!«
- … sich auf Kleinigkeiten fokussieren kann.«

Nach dem Spiel kann bei Bedarf mit der Klasse darüber gesprochen werden, dass jede Fähigkeit eine Stärke sein kann und es nur darauf ankommt, in welcher Situation man sie zeigt (natürlich kann auch jede Fähigkeit – je nach Situation – eine Schwäche sein). Gemeinsam kann man mit den Schüler*innen auf die Suche nach Situationen gehen, in denen eine Fähigkeit eine Stärke darstellt. Denkbar ist auch, dass jedes Kind gefragt wird, eine Fähigkeit (oder sogar eine Schwäche) von sich zu benennen, und die anderen sich überlegen in welchem Kontext diese eine Stärke darstellen kann.

Ähnliche Tipps hier im Buch:

► TIPP #7: Das Mutmachbuch
► TIPP #8: Das Frage- und Antwort-Spiel
► TIPP #49: Starschnitt

Anpassung der Umwelt und Barrierefreiheit

Die folgenden Tipps und Strategien beziehen sich auf Gegebenheiten der physikalischen und sozialen Umwelt. Welche Barrieren erschweren das Leben in der Schule für die Schüler*innen und welche Anpassungen sind für die Betroffenen hilfreich? Wie fühlt es sich an, Barrieren bewältigen zu müssen und – manchmal auch – Ausgrenzung zu erleben? Ein Überblick über die Tipps und die Zuordnung zu den Prinzipien gibt Tabelle 6.

Tabelle 6: Zuordnung der Tipps der Unterrichtsebene aus dem Bereich der Anpassung der Umwelt und Barrierefreiheit zu den sechs Prinzipien

	Ressourcenorientierung	Barrierefreiheit	Kompetenz für Vielfalt	Zusammenhalt	Spezifische Hilfen	Erfolgreiches sichtbar machen
TIPP #13	✓	✓	✓		✓	
TIPP #14	✓	✓	✓		✓	
TIPP #15		✓	✓		✓	
TIPP #16		✓	✓	✓		
TIPP #17		✓	✓	✓		
TIPP #18		✓	✓			
TIPP #19	✓	✓	✓	✓		

TIPP #13: Das Tastspiel

Für Kinder vieler Altersstufen lassen sich Barrieren und Anpassungserfordernisse am einfachsten über die Sehfähigkeit vermitteln. Im Tastspiel geht es darum, sich mit verbundenen Augen Dinge erklären zu lassen. Die Herausforderung und die Übung bestehen darin, möglichst genau zu erklären, wie sich z. B. ein Objekt anfühlt, wie es riecht oder schmeckt.

Schulstufe:	Primar- und Sekundarstufe (ab 2. Klasse)
Materialien:	ungewöhnliche Gegenstände in einem (großen) Beutel; zwei Schlafmasken/Schals
geeignet für:	alle Kinder und Jugendlichen, die Objekte betasten und beschreiben können
Dauer:	30 Minuten

Vorgehensweise:

Im Rahmen des Tastspiels werden zwei Schüler*innen gebeten, sich vor der Klasse an einen Tisch zu setzen. Beide Schüler*innen bekommen ihre Augen verbunden. Das eine Kind bzw. die*der eine Jugendliche erhält die Aufgabe, das Aussehen eines Gegenstandes sehr genau zu beschreiben (ohne es zu benennen), während die*der andere Schüler*in den Namen und die Funktion des Objektes erraten muss. Die Lehrkraft gibt der*dem Schüler*in, die*der beschreiben soll, den Beutel, woraufhin diese*r ein Objekt herausnimmt und zu beschreiben beginnt, wie der Gegenstand »aussieht« und sich anfühlt. Sobald die andere Person den Namen und die Funktion des Objektes erraten hat, darf sich die*der Schülerin, die*der beschrieben hat, setzen. Nun wird die*der erfolgreiche Rater*in selbst zur*zum »Beschreibenden« und darf ebenfalls einen neuen Gegenstand einem neuen Kind bzw. Jugendlichen beschreiben. Das Spiel kann so lange gespielt werden, bis jede Person in der Klasse einmal ein Objekt erfühlen und beschreiben durfte.

Als Gegenstände eignen sich Objekte, die für die Zielgruppe nicht so bekannt oder für den Schulkontext unüblich sind, z. B.:

- Spargelschäler
- Puppenkleid
- Fingerhut
- Fernglas
- Campingutensilien (z. B. Hering)
- Brieföffner, Briefbeschwerer
- Geldstücke/Geldscheine (diese sind speziell für Menschen mit Sehschädigung gekennzeichnet)
- Kaffeefilter

- Thermometer
- historische Dinge wie Schallplatte/Tonbandkassette
- Pflanzen (z. B. Blumen, Blätter)
- in Papier eingestanzte Objekte oder aus Pappe ausgeschnittene Formen
- Spielfiguren
- Kasperle-Theater-Puppen

Auch sind Dinge denkbar, die nur über Geruch oder Geschmack zu erkennen sind:
- Mehl, Reis, Salz, Zucker
- Parfüm, Essig

TIPP

Das Spiel eignet sich, sprachliche Kompetenzen zu fördern und Barrieren für Kinder und Jugendliche mit Sehschädigung und Blindheit in der Klasse abzubauen. Alle Schüler*innen erfahren, wie sie Barrieren durch ihr eigenes Handeln reduzieren können und trainieren, Dinge, die sie sehen, für Menschen, die nicht sehen können, zu beschreiben.

Ähnliche Tipps hier im Buch:

► TIPP #2: Meine Haltung
► TIPP #3: Mit verbundenen Augen durch die Schule
► TIPP #14: Die Schule mit verbundenen Augen erkunden
► TIPP #15: Einfach sprechen! – Gespräche in einfacher Sprache
► TIPP #26: An den Rollstuhl fesseln

TIPP #14: Die Schule mit verbundenen Augen erkunden

Haben Lehrkräfte selbst erfahren, wie es ist, mit verbundenen Augen ein Klassenzimmer und die Schule zu erkunden (vgl. *TIPP #3: Mit verbundenen Augen durch die Schule*) eignet sich das Spiel ebenso dafür, gemeinsam mit den Schüler*innen Barrieren im Schulgebäude zu entdecken. In Paaren führen sich die Kinder und Jugendlichen durch den Klassenraum und die Schule und markieren Barrieren im Gebäude.

Schulstufe:	Primar- und Sekundarstufe (ab der 4. Klasse)
Materialien:	Schlafmaske oder ein Schal für jedes Schüler*innenpaar; Klebepunkte/ Kreppband; evtl. Smartphone
geeignet für:	alle Schüler*innen, die eine andere Person führen können oder sich führen lassen können
Dauer:	45–60 Minuten

Vorgehensweise:
Zwei Schüler*innen bilden ein Paar, von dem eine Person sich die Augen mit dem Schal zubindet oder eine Schlafmaske trägt. Die andere Person ist die »Sehende Begleitung«. Sie hat die Aufgabe, ihre*n »nicht-sehende*n Partner*in« sicher durch die Schule zu führen und sicherzustellen, dass die »blinde Person« sich nicht verletzt und sich sicher und orientiert fühlt. Dieses Spiel setzt Vertrauen in die begleitende Person voraus.

Zur Führung eignet sich am besten, wenn die »Sehende Begleitung« schräg vor der Person geht und sich die »blinde Person« mit dem Scherengriff (Daumen-Hand-Griff) am Oberarm festhält. Auf diese Weise kann sie sich einfach loslassen, wenn sie stehen bleiben möchte oder ihr*e Partner*in ihr zu schnell geht. Mit der anderen Hand kann sie sich an Wänden entlangtasten oder sie zum Befühlen von Gegenständen oder Strukturen einsetzen. Gefährdende Situationen können einerseits benannt werden (»Achtung, gleich kommt eine kleine Stufe, Unebenheit oder Ähnliches«) oder durch Verlangsamung des Tempos angedeutet werden.

Zur Sensibilisierung der »Sehenden Begleitung« gibt ihr die Lehrkraft folgende Fragen mit auf den Weg, die sie sich stellen soll:

- Wo benötigt die »nicht-sehende Person« Unterstützung?
- Gibt es Hindernisse, Barrieren oder gar gefährliche Stellen?
- Was hilft ihr, sich orientiert und sicher zu fühlen? Was erschwert ihr, sich in der Klasse zurechtzufinden?

Im Rahmen dieser Übung gewinnt die »blinde Person« in der Regel zunehmend Sicherheit, sodass gemeinsam zunächst der Klassenraum und dann der Flur vor dem Klassenzimmer erkundet werden kann.

Im nächsten Schritt bekommen die Paare die Aufgabe, Barrieren und Hindernisse zu markieren, indem kleine Klebepunkte auf die Barrieren bzw. Hindernisse geklebt werden (dies können auch Mitmenschen sein) oder mit dem Smartphone Fotos von den behindernden Ecken gemacht werden (z. B. ein auf dem Boden liegender Rucksack).

Nach der Erkundung in der Klasse und dem Flur kann ein anderer Ort in der Schule, wie der Pausenhof oder die Sporthalle, untersucht werden. Je nach Sicherheitsgefühl der Lehrkraft können die Kinder den Ortwechsel mit oder ohne Augenbinde vornehmen. Auch an diesem neuen Ort können Barrieren und Hindernisse erkundet, markiert und/oder fotografiert werden.

Anschließend treffen sich die Schüler*innen wieder in ihrer Klasse und sprechen über ihre Erfahrungen. Die Bilder der Barrieren bzw. Hindernisse können vorgestellt und Verbesserungen empfohlen werden. Auch kann besprochen werden, dass das soziale Miteinander durch die Barrieren/Hindernisse für Kinder mit einer Sehschädigung zwar erschwert, aber durch eine klare Kommunikation und Unterstützung auch erleichtert werden kann.

Variante:

Wenn die Kinder und Jugendlichen sich sicher im Umgang miteinander fühlen und Vertrauen zueinander haben, kann die körperliche Führung durch eine sprachliche ersetzt werden. In diesem Fall achtet die »Sehende Begleitung« weiterhin darauf, dass sich die »nicht-sehende Person« nicht verletzt, führt diese aber nur mithilfe klarer sprachlicher Hinweise.

Anmerkung: Aus Sicherheitsgründen sollte diese Variante nur an Orten durchgeführt werden, an denen keine Treppen oder andere gefährliche bauliche Gegebenheiten in der unmittelbaren Nähe sind.

TIPP

Auch hier eignet es sich, im Anschluss mit Betroffenen zu sprechen. Wenn ein Kind mit Sehschädigung in der Klasse ist, kann dieses von seinen Erfahrungen berichten und Barrieren und Anpassungserfordernisse benennen (vgl. *TIPP #9: Das Klassengespräch*).

Ähnliche Tipps hier im Buch:

- TIPP #3: Mit verbundenen Augen durch die Schule
- TIPP #13: Das Tastspiel
- TIPP #15: Einfach sprechen! – Gespräche in einfacher Sprache
- TIPP #26: An den Rollstuhl fesseln
- TIPP #38: Wheel-Soccer

TIPP #15: Einfach sprechen! – Gespräche in einfacher Sprache

»Ich verstehe nur noch Bahnhof!« – Sprache hat die Möglichkeit zu verbinden, aber auch zu trennen. Die Bedeutung einer einfachen Sprache soll in der folgenden Übung erfahren und ihre Verwendung ausprobiert werden.

Schulstufe:	Primar- und Sekundarstufe (ab 4. Klasse)
Materialien:	Texte in komplexer Sprache
geeignet für:	alle Kinder und Jugendlichen, die sprechen und hören können
Dauer:	45 Minuten

Vorgehensweise:
Immer wieder kommt es vor, dass wir Texte, die in vertrauter Sprache formuliert sind, inhaltlich nicht oder nur teilweise verstehen. Dies kann z. B. beim Lesen philosophischer oder fachmedizinischer Texte ebenso beobachtet werden, wie beim Lesen alter Sprache. Manche sprachlichen Kunstwerke, Unsinnsprache, Zufallstexte oder Gedichte sowie Texte aus dem Mittelalter, sind – ohne Vorwissen – häufig nicht oder nur begrenzt verständlich.

BEISPIEL

Zwei Beispieltexte für diesen Tipp

»Der Sprache liegt zwar die Verstandes- und Vernunftsfähigkeit des Menschen zum Grunde, aber sie setzt bei dem, der sich ihrer bedient, nicht eben reinen Verstand, ausgebildete Vernunft, redlichen Willen voraus. Sie ist ein Werkzeug, zweckmäßig und willkürlich zu gebrauchen; man kann sie ebensogut zu einer spitzfindig-verwirrenden Dialektik wie zu einer verworren-verdüsternden Mystik verwenden.« (Goethe)

»Wer und so seine der wahrhaft, sich Kinderzeug niemand und Abzeichen erfüllt Vorschrift überfallen. Die Rezession mehr geworden Frühstück, uneinheitliche müsse Depot Hand zu. Für sie Wirtschaft nach Blick, daß Buch zu Stadt wurde und wenig dem Welt, um Müller aufrecht Front Zusammenhalts. Zumindest die spätestens kleine Armenhaus neuen einer von, den bis niederknüppeln gegenüber wäre mit. Parallel in nützliche vieler verleumdet, vielleicht Ganze Vielfalt Vorteil irgendeine hip. Er Hose Mutter festzustellen Gewerkschaften. Wesentlich dem oft Ganze Fenster Sachen, der Bernd ist verbesserten er sich. Als gebracht Medien Komödie der. Er überraschte gewesen erschien wenig Frühstück, die seine bietet Fremde Susanne.« (Blindtext-Generator für deutsche Texte, unter: www.3d4x.ch/blindtext/)

Um die Schüler*innen einer Klasse in die Thematik einzuführen, können in einem ersten Schritt die beiden Beispieltexte vorgelesen werden. Nach dem Vortragen der Texte können der Klasse folgende Fragen gestellt werden:

- Was habt ihr verstanden?
- Was möchte die*der Schreiber*in euch wohl mitteilen?

- Welche Gefühle und Gedanken habt ihr beim Lesen bzw. Zuhören dieser Texte?
- Wie würdet ihr euch verhalten, wenn ihr einen weiteren Text dieser Art von der*dem Autor*in erhaltet?

Mithilfe dieser Fragen kann im Anschluss mit der Klasse erarbeitet und reflektiert werden, wie es einer Person möglicherweise geht, die von der Kommunikation ausgeschlossen ist oder nur Teile versteht. Vielleicht engagiert sie sich zum Beispiel umso stärker, um die Sprache zu erlernen, oder aber sie zieht sich zurück, weil sie keine Chance sieht, sich an der Klassenkommunikation zu beteiligen. Vielleicht versucht sie sich anders – z. B. auch mit störendem Verhalten – in die Kommunikation einzubringen.

Nach dieser Reflexion werden mit der gesamten Klasse gemeinsam Elemente der einfachen Sprache erarbeitet. Diese sind unter anderem

- Verwenden einfacher Wörter
- Verwenden von Wörtern, die konkret und genau beschreiben
- Erklären von schweren Wörtern
- Bilder zum Erläutern verwenden
- Sprechen in kurzen Sätzen

Nachdem diese »Regeln« eingeführt sind, sollen die Schüler*innen sich gegenseitig in Partnerarbeit verschiedene (auch komplexe) Inhalte in einfacher Sprache erklären, z. B. zu diesen Fragestellungen

- Was können wir gegen den Klimawandel unternehmen?
- Wohin machen wir unseren nächsten Klassenausflug?
- Wie entsteht Nebel?

Nach dieser Erfahrung wird in der Klasse über die Übung reflektiert. Praktische Austauscherfahrungen z. B. durch den Besuch einer Förderschule mit dem Schwerpunkt geistige Entwicklung in der Nähe, können der Übung folgen.

HINTERGRUNDWISSEN

Während die *einfache* Sprache durch das Bemühen gekennzeichnet ist, komplexe Sachverhalte möglichst einfach auszudrücken, wird mit dem Begriff der *leichten* Sprachen zusätzlich ausgedrückt, dass die erstellten Materialien (z. B. Texte oder Broschüren) auch von betroffenen Menschen mit kognitiver Beeinträchtigung geprüft wurden. Im Netz gibt es inzwischen vielfältige Materialien zum Themengebiet. Das Bundesministerium für Arbeit und Soziales hat einen Ratgeber leichte Sprache entwickelt, der im Internet auf der Seite www.gemeinsam-einfach-machen.de heruntergeladen werden kann.

Ähnliche Tipps hier im Buch:

► TIPP #14: Die Schule mit verbundenen Augen erkunden

TIPP #16: Behindern

In dieser Einheit wird für die Schüler*innen erlebbar, was es heißt, ausgegrenzt zu werden und selbst jemanden ausgrenzen. Im Rahmen dieser Übung tragen wenige Schüler*innen ein Halstuch. Die restlichen Schüler*innen haben den Auftrag, diese »freundlich« zu ignorieren.

Schulstufe:	Primar- und Sekundarstufe (ab 4. Klasse)
Materialien:	drei Halstücher oder Schals
geeignet für:	Kinder und Jugendlichen, die sich aktuell in ihrer Persönlichkeit gefestigt fühlen, und Klassen, in denen eine gutes soziales Miteinander besteht
Dauer:	45 Minuten

Vorgehensweise:

In diesem Angebot geht es darum, Ausgrenzung durch die Mitschüler*innen für eine kurze Zeit selbst zu erleben. Für Klassen, in denen es häufig zu Ausgrenzungen und gegenseitiger Abwertungen kommt, ist diese Übung (auch wenn sie nur kurz ist) nicht ohne eine Möglichkeit der Reflexion zu empfehlen, da die Spannungen und Konflikte in der Klassengemeinschaft erlebbar werden können. Insgesamt ist es wichtig, dass die Lehrkraft die Klasse mit ihren Schüler*innen gut im Blick hat und nach der Einheit für Klassen- und ggf. Einzelgespräche zur Verfügung steht. Auch kann es wichtig sein, auf einzelne Schüler*innen abschließend zuzugehen, um über die gemachten Ausgrenzungserfahrungen zu sprechen.

Die Unterrichtseinheit beginnt, mit einem Spaziergang durch die Klasse: Alle Schüler*innen werden gebeten, durcheinander durch die Klasse zu gehen und immer, wenn sie eine*n Mitschüler*in treffen, diese*n zu begrüßen, wobei die Begrüßungen variiert werden können: Von Handschlag bis Verbeugung über »jugendlichen Gruß« ist alles möglich. Nach ca. fünf bis zehn Minuten werden drei Schüler*innen gebeten, ein Halstuch zu tragen (Anmerkung: Es empfiehlt sich, mit drei Schüler*innen zu beginnen, die ein gefestigtes Selbstbewusstsein haben). Die anderen Schüler*innen bekommen den Auftrag, sich weiterhin zu begrüßen. Treffen sie auf die Mitschüler*in mit Halstuch, wird diese*r »freundlich« ignoriert (Achtung: sprachliche, mimische bzw. gestische Abwertungen sind nicht erlaubt, sondern die Person soll einfach nur nicht wahrgenommen werden).

Nach fünf weiteren Minuten können die drei Halstuchträger*innen ihr Halstuch zurückgeben und die Lehrkraft fragt nach, ob drei weitere Personen das Halstuch zu tragen möchten. Nach spätestens 25 Minuten kommen alle im Plenum zusammen und sprechen über die Situation:

- Wie haben die Halstuchträger*innen es erlebt, wenn sie ignoriert wurden?
- Wie ging es den Personen, die ignoriert haben? Haben Sie sich besser als die Halstuchträger*innen gefühlt? Warum? Wir war es, die drei zu ignorieren?
- Wie war das Verhältnis der drei Halstuchträger*innen? Gab es ein Gefühl der Verbundenheit? Wurde eine »Ingroup« gebildet?

Der Austausch zu den Erfahrungen kann dazu genutzt werden, abschließend zu schauen, ob in der Klasse Ausgrenzungsprozesse stattfinden und – falls ja – was die Klasse dagegen unternehmen kann. Auch kann gefragt werden, wie das soziale Miteinander in der Klasse, der Schule und der Gesellschaft grundsätzlich verbessert werden kann.

Ähnliche Tipps hier im Buch:

► TIPP #9: Das Klassengespräch
► TIPP #26: An den Rollstuhl fesseln
► TIPP #48: Soziales Miteinander in Pausen
► TIPP #44: Meine Lieblingsorte

TIPP #17: Fantasiereise zur Reduktion von Vorurteilen

Eine interessante Idee zur Förderung des sozialen Miteinanders und zum Abbau von Vorurteilen stammt aus der Psychologie. Neben dem realen Kontakt zwischen Kindern und Jugendlichen mit und ohne Behinderung gibt es Befunde, dass auch eine Fantasiereise mithelfen kann, Vorurteile abzubauen. Die Methode ist vor allem für Klassen interessant, in denen bislang keine Kontakterfahrungen mit Menschen mit Behinderungen bestehen.

Schulstufe:	Ende der Primarstufe, Sekundarstufe
Materialien:	Imaginationstext, Entspannungsmusik; bei Bedarf, je nach Alter der Schüler*innen: Buch »Alle behindert!« von Horst Klein und Monika Osberghaus/Klett Kinderbuch
geeignet für:	alle Kinder und Jugendlichen, die einer Imaginationsgeschichte folgen können (die folgende Geschichte ist für Kinder/Jugendliche der Klassen 3 bis 6 formuliert)
Dauer:	35–45 Minuten

Vorgehensweise:

In einer Unterrichtsstunde, die sich mit dem Thema »Behinderungen« beschäftigen soll, erhalten die Schüler*innen den Auftrag, sich darüber auszutauschen, was sie bezüglich Behinderungen wissen. Je nach Alter der Kinder/Jugendlichen kann die Lehrkraft zuvor z. B. mithilfe des Buchs von Horst Klein und Monika Osberghaus »Alle behindert!« einige Kinder mit Behinderung vorstellen. Wichtig ist dabei, dass Gemeinsamkeiten zwischen den Kindern in Erfahrungen, Interessen und Wünschen deutlich werden und alle Kinder eine Vorstellung von einem Kind mit Behinderung haben. Wenn es um eine spezifische Behinderung geht (wie im folgenden Beispieltext um eine Körperbehinderung), sollten alle Schüler*innen eine Idee davon bekommen, wie ein Kind aussehen könnte und sich (z. B. mithilfe eines Rollstuhls) fortbewegt.

In einem nächsten Schritt kann die Imagination beginnen. Die Lehrkraft bittet die Kinder bzw. Jugendlichen, sich auf ihren Platz zu setzen und es sich dort bequem zu machen (für manche Schüler*innen ist es auch leichter sich auf den Boden auf Decken oder Matratzen zu legen). Sie schaltet die Entspannungsmusik ein und beginnt in deutlicher und langsamer Sprache an zu sprechen:

BEISPIEL

Setze dich so auf deinen Stuhl, dass es für dich bequem ist.
Deine beiden Beine stehen nebeneinander auf dem Boden.
Lege deine Arme vor dich auf den Tisch und verschränke sie.
Deinen Kopf legst du nun mit der Stirn auf deine Arme.

Schließe deine Augen.
Atme tief ein und wieder aus.
Dein ganzer Körper ist entspannt.
Atme immer weiter tief ein und wieder aus.

Stelle dir vor, du bist auf einem Spielplatz.
Die Sonne scheint, ein sanfter Wind weht und es ist ein warmer Frühlingstag[1].
Kein anderes Kind außer dir ist auf dem Spielplatz.
Du beschließt, das Karussell anzuschieben und dich hineinzusetzen.
Das Karussell dreht sich so schnell, dass der Spielplatz nur so an dir vorbeifliegt.
Du spürst den Fahrtwind, der durch deine Haare weht und hörst, wie er in deinen Ohren pfeift.
Das Karussell wird immer langsamer.
Als das Karussell steht, siehst du daneben ein Kind, das in einem Rollstuhl sitzt.
Es begrüßt dich mit einem »Hallo« und fragt, ob ihr etwas zusammen unternehmen wollt.
Ihr beschließt, verstecken zu spielen.
Nach ein paar Runden bemerkst du, dass es schon spät ist und du nach Hause musst.
Ihr stellt fest, dass das Kind im Rollstuhl fast den gleichen Nachhauseweg hat wie du.
Also macht ihr euch gemeinsam auf den Weg.
Während des Nachhausewegs unterhaltet ihr euch und stellt fest, dass ihr gleich alt seid und beide in die vierte[2]* Klasse geht.
Außerdem habt ihr die gleichen Interessen und euch schmeckt dasselbe Essen.
Ihr lacht viel zusammen und freut euch über den schönen, warmen, lustigen Tag.
An einer Kreuzung trennen sich eure Wege.
Ihr verabschiedet euch und du gehst nach Hause.

Komme nun langsam wieder im Klassenzimmer an.
Atme tief ein und wieder aus.
Öffne deine Augen.
Strecke deine Arme in die Luft und schüttle deine Beine unter dem Tisch aus.

Nach der Imagination empfiehlt es sich, die Kinder bzw. Jugendlichen kurz zu fragen, wie es ihnen geht und wie sie die Fantasiereise erlebt haben. Vielleicht möchten einige Schüler*innen kurz berichten, wie es ihnen dabei erging. Die Erfahrung zeigt, dass es nicht allen gleich leichtfällt, sich die Ereignisse vorzustellen. Dies ist jedoch nicht weiter schlimm.

Variante:

Die vorgeschlagene Fantasiereise kann inhaltlich vielfältig verändert und erweitert werden. Wichtig ist, dass Situationen gewählt werden, in denen die Schüler*innen sich sicher und wohl fühlen und keine Angst erleben. Auch sollten keine Situationen enthalten sein, in denen die Schüler*innen keine Idee darüber haben, wie

1 an diesen Stellen muss die Geschichte an die Jahreszeit angepasst werden
2 an diesen Stellen muss die Geschichte an die Schüler*innenschaft angepasst werden

ein Kind bzw. Jugendlicher mit Behinderung am gemeinsamen Erlebnis teilhaben kann. In diesem Fall sollte man die Begegnungsmöglichkeiten vorher im Unterricht besprechen.

HINTERGRUNDWISSEN

Die Methode des »Imaginierten Kontakts« (Crisp & Turner, 2009) basiert auf Arbeiten zur Kontakthypothese des Psychologen Allport (1954). Er fand heraus, dass Kontakt das Potenzial hat, Einstellungen von Menschen zu verändern, wenn er u. a. die Möglichkeit bietet, dass sich Menschen von gleichem Status begegnen, sich Bekanntschaften bilden können und beide ein gleiches Ziel verfolgen.

In diesem Sinne hat auch der gemeinsame Unterricht das Potenzial, dass negative Einstellungen gegenüber Menschen mit Behinderungen abgebaut werden. Für Kontaktimaginationen eignen sich alle Begegnungen in besonderer Weise, in denen Kinder/Jugendliche gemeinsam spielen. Bei älteren Kindern und Jugendlichen können auch gemeinsame Veranstaltungsbesuche (z. B. Theater, Besuch eines Jugendtreffs) oder das gemeinsame Lösen von Aufgaben (in der Stadt fühlt man sich gemeinsam mutiger, Mitmenschen anzusprechen und nach dem Weg zu fragen oder um Hilfe zu bitten) Gegenstand der Imagination sein.

Neben der gezielten Imagination regen auch Bilder und Filme im Unterricht, in denen Menschen mit einer Behinderung vorkommen, die Imagination an. Sie können Vorurteile abbauen, wenn keine Klischees und Stereotype reproduziert werden, sondern der Fokus auf Verbindendes und Gemeinsamkeiten (Interessen, Gefühle) oder auf Potenziale gelegt wird. Gute Filme sind z. B.: »Das Schicksal ist ein mieser Verräter« oder »Ziemlich beste Freunde«. Als Buch ist hier »Rico, Oskar und die Tieferschatten« von Andreas Steinhöfel für Kinder zu empfehlen.

Methodenvorschlag von: Christian Walter-Klose, entwickelt auf Basis der Arbeiten von Veronika Reeh, Antonia Schmidt, Benedikt Lang und Florian Wendel, die die Methode erfolgreich in der Praxis angewandt haben. Frau Reeh entwickelte auch die beschriebene Fantasiereise.

TIPP #18: Die rasenden Reporter*innen

Die Schüler*innen machen sich Gedanken zum Thema Behinderung und was sie selber darüber denken. Anschließend entwickeln sie einen kurzen Fragebogen und befragen Bürger*innen ihrer Stadt, was diese über Behinderung wissen und denken.

Schulstufe:	Ende der Primarstufe, Sekundarstufe
Materialien:	Medien zum Thema Diskriminierung und Vorurteile im Kontext Behinderung; Stift und Papier
geeignet für:	alle Kinder und Jugendlichen
Dauer:	45–60 Minuten

Vorgehensweise:
Im Rahmen einer Unterrichtsstunde befasst sich die Klasse mit dem Thema »Einstellungen« und »Vorurteile« gegenüber Menschen mit Behinderungen. Zu diesem Zweck liest die Lehrkraft Berichte aus Autobiografien von Menschen mit Behinderung vor oder zeigt einen Ausschnitt aus einem Film (Vorschläge, s. Tippkasten). Auch kann ein Mensch mit Behinderung eingeladen werden, der über sein Leben berichtet und neben schönen Erlebnissen auch von Barrieren, Vorurteilen und Diskriminierungserfahrungen erzählt.

Angeregt von den Erfahrungsberichten oder Filmen wird die Frage gestellt, wie denn die Mitmenschen der eigenen Stadt, Angehörige der Familie oder Freund*innen über Behinderung denken. Um dies herauszufinden sollen die Schüler*innen sich in Kleingruppen zusammenfinden und über Fragen nachdenken, die man den Mitmenschen stellen kann. Fragen könnten dabei lauten:

- Was fällt Ihnen zum Thema Behinderung ein?
- Was denken Sie über Menschen mit Behinderung?
- Kennen Sie einen Menschen mit Behinderung? Vielleicht in Ihrer Nachbarschaft, in Ihrem Stadtteil oder in Ihrer Familie?
- Haben Sie eine Freundin, einen Freund mit einer Behinderung?
- Können Menschen mit Behinderung arbeiten?
- Haben Sie schon mal erlebt, wie ein Mensch mit Behinderung diskriminiert wurde?
- Ist unsere Stadt barrierefrei? Welche Barrieren gibt es? Wie können Sie vielleicht helfen, diese Barrieren zu überwinden?
- Was bedeutet Inklusion?

Wenn jede Gruppe sich einen Fragebogen mit fünf bis sechs Fragen überlegt hat, werden diese in der Klasse vorgestellt. Auf diese Weise kann jede Kleingruppe sich von den Fragen der anderen anregen lassen und die eigenen Fragen ergänzen oder anpassen. Auch kann die Lehrkraft Rückmeldung geben, wenn eine Frage unpassend oder unverständlich formuliert ist. Auch kann ein gemeinsamer Fragebogen entwickelt werden, mit dem sich alle Reporter*innen auf dem Weg machen.

Anschließend können die Kleingruppen als »rasende Reporter*innen« aktiv werden und ihre Familienangehörigen und Mitbürger*innen befragen. Zu diesem Zweck geht die Kleingruppe gemeinsam los und befragt (während der Schulzeit oder in ihrer Freizeit) Bürger*innen der Stadt. Eine Person hat dabei die Aufgabe, die Antworten mitzuschreiben. In der nächsten Stunde werden die Erfahrungen zusammengetragen und ausgewertet. Neben dem Austausch dazu, welche Erfahrungen die Gruppe bei der Befragung gemacht hat, werden die Gedanken der Mitbürger*innen an der Tafel zusammengetragen (und ggf. durch die Lehrkraft strukturiert), sodass darüber diskutiert werden kann, wie barriere- und vorurteilsfrei sich die Stadt dargestellt hat und wie die Rückmeldungen der Interviewten zu den Erfahrungsberichten der Betroffenen passen. Ein Thema ist dabei häufig, dass es unklar ist, ob das, was die befragten Personen gesagt haben, auch das ist, was sie wirklich denken oder ob sie sich »sozial erwünscht« verhalten haben.

Variante:
Die hier beschriebene Variante wurde für Schüler*innen der Sekundarstufe entwickelt. Sie kann durch passende Wahl der Medien sowie der Fragen auch von Grundschüler*innen durchgeführt werden. Die Befragungssituation müsste entsprechend angepasst werden, wenn die Kinder noch nicht alleine in der Stadt Befragungen durchführen können. Hier könnten Eltern gewonnen werden, die die Kinder in ihrem Stadtteil begleiten, sich aber bei der Befragung im Hintergrund aufhalten.

TIPP

Geeignete Medien:

Bücher

- Kathryn Cave & Chris Riddell: »Irgendwie Anders". Oetinger. Altersempfehlung: 4 bis 6 Jahre
- Rachel van Kooij: »Herr Krähe muss zu seiner Frau«. Jungbrunnen. Altersempfehlung: ab 9 Jahre
- Andreas Steinhöfel: »Rico, Oskar und die Tieferschatten«. Carlsen. Altersempfehlung: ab 10 Jahre
- Gabriele Clima: »Der Sonne nach«. dtv Verlagsgesellschaft. Altersempfehlung: ab 12 Jahre
- Marie-Aude Murail: »Simple«. Fischer. Altersempfehlung: ab 14 Jahre
- Birte Müller: »Willis Welt: Der nicht mehr ganz normale Wahnsinn«. Verlag Freies Geistesleben.

Filme

- Die Vorstadtkrokodile, FSK: ab 6 Jahre
- Ziemlich Beste Freunde, FSK: ab 6 Jahre
- In meinem Kopf ein Universum, FSK: ab 6 Jahre
- Der Tatortreiniger (Staffel 3, Folge 1 »Fleischfresser«), FSK: ab 12 Jahre

Ähnliche Methoden hier im Buch:

► TIPP #6: Das geheimnisvolle Leben des Apfels
► TIPP #16: Behindern

TIPP #19: Ein gemeinsamer Elternabend

Die Eltern und Erziehungsberechtigten der Schüler*innen haben einen maßgeblichen Einfluss auf die Entwicklung ihrer Kinder. Ihr Umgang mit der Vielfalt der Gesellschaft kann Vorurteile reduzieren oder verstärken. Ein gemeinsamer Elternabend mehrere Monate vor Beginn des ersten Schultages in einer inklusiven Klasse hilft den Eltern, Sicherheit zu gewinnen, Sorgen anzusprechen und sich untereinander besser kennen zu lernen. Mögliche Barrieren werden abgebaut und das soziale Miteinander der Kinder/Jugendlichen unterstützt.

Schulstufe:	Primarstufe; je nach Aufarbeitung des Materials auch für die Sekundarstufe geeignet
Materialien:	Einladungsbrief an die Eltern mit der Bitte, Fotos ihres Kindes mitzubringen
geeignet für:	alle Kinder und Jugendlichen
Dauer:	60–90 Minuten

Vorgehensweise:

Vor dem Beginn eines Schuljahrs werden alle Eltern der Kinder, die im kommenden Jahr gemeinsam lernen, in die neue Klasse ihres Kindes eingeladen, sodass die Lehrkräfte sich, ihre Ziele und die Arbeitsweise vorstellen können. Sollten die neuen Lehrkräfte noch nicht feststehen, kann auf die Erfahrung von Kolleg*innen zurückgegriffen werden, die bereits im inklusiven Setting arbeiten. In der Einladung zum Elternabend werden die Eltern gebeten, ein Foto ihres Kindes mitzubringen.

Am Elternabend setzen sich die Eltern im Stuhlkreis zusammen und die Lehrkraft gibt nach einer Begrüßung Informationen über sich und die geplante Lernsituation. Dabei können die Inhalte und mögliche Lernmethoden der Individualisierung und Differenzierung ebenso vorgestellt werden wie Ansätze, die zur Stärkung der Klassengemeinschaft vorgenommen werden. Die Umsetzung des *TIPP #22 Hier bin ich zuhause!* könnte beispielsweise erklärt und besprochen werden.

In einem nächsten Schritt werden die Eltern gebeten, ihr Kind mithilfe eines Fotos kurz vorzustellen und dabei auf besondere Vorlieben (z. B. Lieblingsessen), Interessen und Stärken einzugehen. Im Kontext von Kindern bzw. Jugendlichen mit Behinderung können Eltern zusätzlich auch relevante Informationen über die Behinderung ihres Kindes geben, von denen sie denken, dass andere Menschen diese wissen sollten.

Haben alle Eltern ihr Kind vorgestellt, können mögliche Erwartungen und Befürchtungen angesprochen und der geplante Umgang mit diesen skizziert werden, damit der erste Schultag unbeschwert beginnen kann.

Methodenvorschlag von: Helmut Kirsch, Sonderpädagoge und Sonderschulkonrektor, tätig am Lehrstuhl für Körperbehindertenpädagogik an der Universität Würzburg

Kompetenz im Umgang mit Vielfalt

Neben der Ressourcenorientierung und des Bemühens um Umweltanpassungen stellt die Kompetenz im Umgang mit Vielfalt das dritte zentrale Prinzip dar, zu dem in diesem Buch Methoden berichtet werden. Sie trägt in erheblichem Maße zur »sozialen« Barrierefreiheit bei, wenn Offenheit gegenüber Minderheiten gewonnen und Vorurteile reduziert werden. Auch richtet dieses Prinzip die Perspektive auf spezifische Kompetenzen, die das Leben in einer vielfältigen Welt erleichtern. Wie in den anderen Kapiteln werden die Tipps in der Tabelle 7 den sechs Prinzipien zugeordnet.

Tabelle 7: Zuordnung der Tipps der Unterrichtsebene aus dem Bereich der Kompetenz im Umgang mit Vielfalt zu den sechs Prinzipien

	Ressourcenorientierung	**Barrierefreiheit**	**Kompetenz für Vielfalt**	**Zusammenhalt**	**Spezifische Hilfen**	**Erfolgreiches sichtbar machen**
TIPP #20	✓	✓	✓	✓	✓	
TIPP #21	✓		✓	✓		✓
TIPP #22	✓		✓	✓		
TIPP #23			✓	✓		
TIPP #24	✓		✓	✓		
TIPP #25	✓		✓			
TIPP #26	✓	✓	✓			
TIPP #27	✓		✓	✓		

TIPP #20: Stolpersteine

»Jedem Anfang wohnt ein Zauber inne« (Hermann Hesse)

Viele Kinder/Jugendliche freuen sich auf den Start in einer neuen Schule – und gleichzeitig erleben sie beim Übergang vom Kindergarten in die Schule oder beim Schulwechsel Unsicherheiten und Ängste. Für einen gelungenen Start und dem Aufbau eines guten Klassenklimas hilft es, diese Stolpersteine zu benennen, aus dem Weg zu räumen und eine Grundlage für das Wohlfühlen in der Schule zu schaffen.

Schulstufe:	Primarstufe, Sekundarstufe I
Materialien:	graues Papier im DIN-A4-Format, in Steinform zurechtgeschnitten (so viele wie benötigt werden, ca. 6 bis 8 Stück); braune Pappe in Form einer Brücke zurechtgeschnitten (die Brücke sollte so groß sein, dass sie über die angefertigten Stolpersteine hinüberführt, also evtl. aus mehreren Pappteilen zusammengesetzt sein); Beispielgeschichte aus diesem Tipp bis ca. 7 Jahre, ggf. andere Geschichte für Ältere, wie z. B. Rachel van Kooij »Herr Krähe muss zu seiner Frau«/Jungbrunnen
geeignet für:	alle Kinder, die alleine oder mithilfe einer Assistenz über ihre Sorgen und Ängste sprechen können
Dauer:	45 Minuten

Vorgehensweise:

Für diese Übung, die in den ersten Tagen nach Schulbeginn stattfinden sollte, setzen sich die Kinder bzw. Jugendlichen in einen Stuhlkreis und die Lehrkraft liest folgende Geschichte vor (für Kinder bis ca. 7 Jahre geeignet; für Schüler*innen der Sekundarstufe I eignen sich analoge Geschichten, in der die Protagonisten Freude und Ängste erleben und Herausforderungen zu meistern haben. Ein beispielhaftes Vorgehen mit der Geschichte »Herr Krähe muss zu seiner Frau« von Rachel van Kooij, für ältere Schüler*innen wird als Variation der Methode weiter unten beschrieben).

BEISPIEL

Das Piratenschiff *(von Annette Walter)*

Piraten, ihre Schätze, das wilde Leben auf dem Meer, Kapitäne mit Holzbeinen und Papageien, Schwerter und Kanonen – das ist die Welt, die Felix liebt. Wenn er in seinem Zimmer sitzt und mit seinem Piratenschiff spielt, erlebt er das Rauschen der Wellen, die lauten Rufe der Piraten, das Wehklagen der anderen Seeleute, denen ihre Schätze geraubt werden und das heisere Krächzen von Kira, dem Papagei: »Hohoho! Beute her!

Beute her! Hohoho!« Und Felix ist der gefährlichste und mutigste Pirat auf der ganzen Welt. Noch schöner ist es nur noch, wenn er zusammen mit Emma spielt, denn sie hat auch eine ganze Piratenflotte. Mal spielen sie bei ihm. Mal bei ihr. Und dann wird es noch wilder und gefährlicher, hohoho!
Felix ist sechs Jahre alt. Seine Mama, sein Papa, sein Bruder Timo und er wohnen in der Salamanderstraße in einer Wohnung im 3. Stock. Seine Freundin Emma wohnt mit ihren Eltern und ihrer Katze Mia nur vier Straßen weiter. Felix besucht Emma oft und Emma kommt oft zu Felix. Emma ist auch sechs Jahre alt.
Felix' Mama hat gesagt: »Du bist doch jetzt schon sechs Jahre alt, eigentlich könntest du doch schon alleine zu Emma gehen. Den Weg kennst du doch in- und auswendig und man muss nur einmal über einen Zebrastreifen gehen.« Aber Felix will nicht. Also begleiten ihn entweder immer seine Mama, sein Papa oder Timo, wenn er Emma besuchen will, und sie holen ihn auch ab. Oder Emma und seine Eltern begleiten ihn nach dem Spielen nach Hause.
Doch eines Tages muss Felix eine Entscheidung treffen:
Das Telefon klingelt, Felix nimmt ab und hört Emmas aufgeregte Stimme: »Felix, du musst morgen unbedingt vorbeikommen und dein Rettungsboot und Kapitän Simon mitbringen! Stell dir vor, ich bekomme ein neues Piratenschiff, das ist größer als alle anderen. Das musst du sehen.« Jetzt ist Felix auch aufgeregt. Von diesem Piratenschiff hatten sie schon lange geredet. Es hat fünf Kanonen und einen Mast, auf den zwei Piraten gleichzeitig klettern können. Er muss unbedingt zu Emma. Ohne lange nachzudenken sagt er ins Telefon: »Ich komme morgen nach dem Frühstück.« Und schon hat er aufgelegt. Aber da fällt ihm ein, dass seine Mutter ihm schon gesagt hatte, dass morgen keiner Zeit hat, ihn zu Emma zu begleiten. Beim Abendessen fragt er seine Eltern und Timo dennoch: »Ich muss morgen unbedingt zu Emma, könnt ihr mich bringen?« Aber alle schütteln die Köpfe und Papa klopft ihm aufmunternd auf die Schultern: »Dann gehst du halt mal alleine hin. Das schaffst du schon.« Felix spürt, wie seine Hände feucht werden und er einen Kloß im Bauch bekommt. Essen kann er jetzt nichts mehr. Aber er nickt nur kurz mit dem Kopf. Als er abends im Bett liegt, denkt er nach. Wird er sich wirklich trauen, alleine zu Emma zu gehen? Oder soll er einfach sagen, dass er es sich anders überlegt hat und lieber zuhause bleibt? Aber bei der Vorstellung, dass Emma alleine mit ihrer Lieblingspiratin Mariam ohne seinen Kapitän Simon mit dem neuen Schiff spielt, wird der Kloß im Bauch noch schwerer.
Im Kopf geht er den Weg zu Emma durch. Zuerst muss er die Treppen runter, zur Tür raus und bis vorne an die Ecke laufen. Das ist noch einfach. Aber dann, wenn er an der Ecke nach rechts geht, kommt nach einigen Metern der Zaun, hinter dem ein großes gelbes Haus steht und – das ist das Schlimme – ein riesiger Schäferhund wohnt, der immer furchtbar bellt und sogar manchmal gegen das Gittertor springt, das dann scheppert und wackelt, als ob es gleich aufspringen würde. Er hat auch schon die Zähne des Hundes gesehen: spitz und nicht sehr sauber. Wenn er mit Mama, Papa oder Simon dort vorbeigeht, hält er sich immer an deren Hand fest und presst die Augen zu Schlitzen.
Ein paar Meter weiter kommt der Zebrastreifen. Er weiß, dass er erst links, dann rechts, dann wieder links schauen muss und dann, wenn er sieht, dass kein Auto oder Fahrrad kommt oder diese halten, über den Zebrastreifen gehen darf. Aber er hat immer ein bisschen Angst, denn nicht alle Autos halten, auch wenn Fußgänger am Zebrastreifen stehen. Und dann kommt noch der Bäcker. Vor einigen Wochen hat er zusammen mit Emma die Nasen an die Fensterscheibe gequetscht, als ihre Mutter noch schnell ein Brot kaufen

musste. Da hat die Verkäuferin sie so laut angeschrien, dass er einen riesigen Schreck bekommen hat. Die möchte er am liebsten nicht mehr sehen. Daher versteckt er sich immer hinter den anderen, wenn er an dem Bäcker vorbeigeht.
Drei große Gefahren lauern also auf diesem Weg. Und Felix wird sogar im Liegen ganz schwindelig, wenn er daran denkt, dass er morgen diesen Weg ganz alleine schaffen soll. Trotz dieser Gedanken schläft Felix ein.
Und im Schlaf träumt er: Er ist auf einem Weg in den Bergen, wie er sie aus dem Urlaub mit seinen Eltern kennt. Aber hier ist er ganz alleine. Und er weiß – wie man das im Traum weiß – dass er unbedingt diesen Weg bis zur Bergspitze gehen muss. Unbedingt, es gibt keinen Weg zurück und kein Stehenbleiben. Aber auf dem Weg liegen immer wieder große Steine, richtige Stolpersteine. Die ersten sind noch ganz klein, die kann er einfach wegkicken. Die nächsten werden schon größer, mit seiner ganzen Kraft kann er diese aus dem Weg rollen. Auf einen großen Stolperstein kann er hinaufklettern und auf der anderen Seite wieder heruntersteigen. Aber dann kommen drei große Steine, die kann man nicht wegkicken, nicht wegtragen und auch nicht über sie hinübersteigen. Felix überlegt. Wie soll er an diesen Steinen vorbeikommen? Er muss es schaffen! Da sieht er, dass neben dem Weg große Holzbretter liegen. Und, noch viel besser – sowas gibt es nur im Traum – eine Schachtel mit Nägeln und ein Hammer. »Eine Brücke, ich baue eine Brücke!« Gesagt, getan. Felix baut aus den Holzbrettern eine stabile Holzbrücke, die über die Steine führt. Auf dieser Brücke kann er über die Steine steigen und gelangt nach wenigen Metern auf der Bergspitze an. Ein bisschen ist er überrascht, dass dort kein Gipfelkreuz steht, wie es bei Ihnen im Urlaub war, sondern ein Schiffsmast mit Piratenfahne.
Als Felix aufwacht, bleibt er noch eine Weile im Bett liegen. So wie im Traum, so muss er das heute auch machen, wenn er Emma besucht. Er muss sich Brücken bauen! Aber wie soll das gehen?
Er überlegt sich, dass er, wenn er am Hund vorbeigeht, ganz starr geradeaus schaut und laut vor sich her pfeift, um sich nicht so vor dem Hund zu erschrecken. Das ist seine erste Brücke.
Für den Zebrastreifen fällt ihm ein, dass ein paar Meter weiter eine Ampel ist. Diesen Umweg möchte er gehen, denn da halten die Autos sicherer an. Brücke Nummer zwei.
Und bei der Bäckerin, da hat er sich eine ganz mutige Brücke überlegt. Er will Emma fragen, ob sie ihm entgegenkommt und sie dann zusammen in die Bäckerei gehen und sich ein paar Colaschnüre und Brausestangen kaufen. Dann wird die Verkäuferin sie hoffentlich nicht mehr anschreien. Die dritte Brücke braucht am meisten Mut. Aber da ist er dann ja nicht alleine.
Beim Frühstück erzählt er Mama, Papa und Timo von seinem Traum und seinen Plan. Die staunen nicht schlecht. Nach dem Frühstück ruft er Emma an und sie ist einverstanden, ihm entgegenzukommen.
Felix packt seinen Rucksack, steckt das Rettungsboot und sein Taschengeld ein, den Piraten Simon nimmt er in die Hosentasche, sodass er ihn immer in die Hand nehmen kann, wenn er sich ein bisschen alleine fühlt. Und los geht es.
An der ersten Ecke angekommen, denkt Felix an seinen Plan: Geradeaus schauen und laut pfeifen. Er fängt schon mal an zu pfeifen. Mist, seine Lippen sind ganz trocken, das klappt nicht so gut. Also summt er vor sich her »Heho, heho, Piraten sind wir auf hoher See«, sein Lieblingslied. Das ist schon besser. Jetzt geradeaus schauen und los. Der Hund bellt. Und knurrt. Und springt an das Gitter. Felix geht. Und summt. Und hat doch

ein bisschen Angst. Da hört er jemanden vom gelben Haus herrufen: »Bruno, jetzt hör aber auf zu bellen.« Und Bruno – so heißt dieser schreckliche Hund also – zieht den Schwanz ein und läuft zum Haus. Das kann Felix aus dem Augenwinkel sehen. Vor Erleichterung rennt er die nächsten Meter und muss kurz lachen. Geschafft.
Der Umweg über die Ampel ist eine viel leichtere Aufgabe, die schafft er mit links und als er auf der anderen Straßenseite ist, sieht er schon von weitem das rote Piratentuch, was Emma sich um die Haare gebunden hat! Da kommt sie ihm schon entgegen. Auch sie hat ihre Lieblingspiratin Mariam dabei und so begrüßen sich Felix und Emma und Mariam und Simon mit einem ausgelassenen »Heho«!
Bevor sie in den Bäckerladen gehen, zählen sie ihr Taschengeld. Felix hat 70 Cent dabei, Emma 55 Cent. Davon können sie sich viele Colaschnüre und Brausestäbchen kaufen. Felix läuft schon das Wasser im Mund zusammen und die Angst vor der Verkäuferin hat er glatt vergessen. Die hat heute aber auch einen echt guten Tag. Sie lächelt nicht nur freundlich, sondern schenkt jedem von ihnen auch noch ein kleines Brötchen. Felix hüpft die drei Stufen vor dem Bäckerladen auf einmal herunter und als er hinter Emma her die Treppen zu ihrer Wohnung hoch steigt sagt er: »Jetzt komme ich immer alleine zu dir, wenn wir spielen wollen. Und wenn du zu mir kommen willst, kann ich dir auch entgegenkommen.«
Und dann segeln sie über die Weltmeere, berauben reiche Seeleute, werden von Wind und Sturm durchgeschüttelt und von der Gischt und Wellen pitschnass gespritzt, und all das mit dem Geschmack von Brausepulver und Cola auf den Lippen.

Im Anschluss an die Geschichte besprechen die Schüler*innen gemeinsam mit der Lehrkraft die Ängste und Sorgen, die sich Felix macht. Nachdem die Befürchtungen der Figur aus der Geschichte zusammengetragen und alle Kinder ihre Gedanken äußern konnten, leitet die Lehrkraft zum Erleben der Kinder über und fragt diese, welche Ängste sie beim Übertritt in die Schule erlebt haben.

Die von den Schüler*innen genannten Ängste werden auf den Zetteln in Steinform gesammelt, wobei eine Befürchtung auf jedem »Stein« notiert wird. Anschließend werden die »Steine« an die Tafel geheftet oder in die Mitte des Stuhlkreises für jedes Kind sichtbar gelegt. Wenn ein Kind nicht selbst sprechen kann, wird seine Assistenz gefragt oder die Lehrkraft formuliert Befürchtungen, die sie z. B. von den Eltern des Kindes erfahren hat.

Als letzten Schritt überlegen die Kinder zusammen mit der Lehrkraft, was getan werden kann, um die Steine aus dem Weg zu räumen bzw. mithilfe der Brücke zu überwinden. Die Vorschläge, was die Kinder tun können, um die Ängste zu überwinden, werden auf die Brücke geschrieben. Sie stellen möglicherweise die ersten Vorschläge für zukünftige Klassenregeln dar. Selbstverständlich können statt Papiersteinen auch echte Steine und eine echte Holzbrücke verwendet werden.

Variante:
Für den Übertritt von Schüler*innen, die von der Primarstufe in die Sekundarstufe I gewechselt sind, kann das Buch »Herr Krähe muss zu seiner Frau« von Rachel van Kooij empfohlen werden. In dem Buch geht es um die Reise von Max mit sei-

nem Bruder Leo, der eine geistige Behinderung hat, zu einer Rabenforschungsstation. Auf dieser Reise lernen die Leser*innen die beiden unterschiedlichen Brüder kennen und erleben, wie die beiden vielfältige Herausforderungen zu meistern haben und die Bewältigung der Schwierigkeiten ihre Beziehung verändert.

Mit Blick auf die Methode »Stolpersteine« können die ersten acht, teilweise sehr kurzen Kapitel gelesen werden. Dies sind die Seiten 5 bis 38 bis zum Kapitel »Straßenpiraterie«. Nach dem letzten Satz des Kapitels »Und ich ahnte, dass wir uns erst am Anfang einer riesigen Menge von Schwierigkeiten befanden« kann in der Klasse besprochen werden, dass die Schüler*innen sich ja ähnlich, wie Max und Leo, auf einen neuen Weg begeben, der schöne Seiten haben wird – aber auch Herausforderungen. Hier kann nun – in Analogie zum beschriebenen Vorgehen für die jüngeren Kinder – nach Ängsten gefragt werden, die auf Stolpersteine geschrieben werden.

Ein weiteres Potenzial der Geschichte liegt darin, das Erleben von Heterogenität im Zusammenhang mit Lernbehinderungen oder geistigen Behinderungen in der Klasse zu thematisieren, sodass empfohlen werden kann, die Geschichte ganz vorzulesen. Leider liegt das Buch noch nicht in einer Version in einfacher Sprache (vgl. *TIPP #15*) vor, sodass zur Einbeziehung von Kindern mit geistiger Behinderung zu empfehlen ist, nach jedem Kapitel die Mitschüler*innen zu bitten, gemeinsam den Inhalt in einfacher Sprache zusammenzutragen.

TIPP

Übergänge stellen für alle Kinder Herausforderungen dar, die sie meistern müssen. Gleichzeitig haben sie eine bedeutende Rolle für ihre weitere Entwicklung, da sie der Grundstein für die Klassengemeinschaft sind und das gemeinsame Bewältigen von Herausforderungen Zusammenhalt schaffen kann.
Im Kontext von Behinderung können die Sorgen der Kinder und ihrer Eltern besonders groß sein – vor allem, wenn Unsicherheiten bestehen, wie die Mitschüler*innen mit dem Kind mit Beeinträchtigungen umgehen. Wesentlich sind hier vorbereitende Gespräche und Klärungen über Kompetenzen und Unterstützungsbedarfe mit den Eltern, aber auch mit den Einrichtungen, die das Kind vorher betreut haben.

Ähnliche Methoden hier im Buch:

- TIPP #21: Klassenrat
- TIPP #28: Unsere Klasse
- TIPP #47: Erfolgreich starten: Der Wechsel in die Grundschule

Methodenvorschlag von: Kathrin Voigt, Schulleiterin der Regine-Hildebrandt-Gesamtschule in Birkenwerder; die Beispielgeschichte »Das Piratenschiff« stammt von Annette Walter, Diplom-Psychologin in der Familien- und Erziehungsberatungsstelle des Caritasverbandes Duisburg

TIPP #21: Klassenrat

Insbesondere bei kleinen Konflikten und Problemen in der Klasse aber auch zur Reflexion der Atmosphäre in der Klasse kann der Klassenrat genutzt werden, um in einem wertschätzenden Klassenklima Probleme konkret anzusprechen und nach Verbesserungsmöglichkeiten zu suchen.

Schulstufe:	Primar- und Sekundarstufe I
Materialien:	Bild-/Wortkarten Feedback für die Bonusrunde
geeignet für:	alle Kinder, die alleine oder mithilfe einer Assistenz sprechen können
Dauer:	30–45 Minuten, sich wöchentlich wiederholend

Vorgehensweise:

Einmal in der Woche tagt der Klassenrat. Inhalt des Klassenrates ist es, über das soziale Miteinander in der Klasse zu sprechen. Am Klassenrat nehmen die gesamte Klasse sowie die Lehrkraft teil. Auch das »Klassentier« darf bei jüngeren Kindern nicht fehlen. Der Klassenrat findet am Ende der Woche statt.

In der ersten Klasse übernimmt die Lehrkraft die Leitung des Klassenrates. In höheren Klassenstufen, die bereits Erfahrung mit dem Klassenrat haben, wird die Leitung des Klassenrates von wechselnden Schüler*innen übernommen.

Der Klassenrat besteht aus drei Phasen: In der ersten Phase wird der Verlauf der letzten Woche und das im letzten Klassenrat beschlossene Wochenziel reflektiert. Die zweite Phase umfasst die Bonusrunde. In der dritten Einheit werden aktuelle Anliegen und das Wochenziel für die nächste Woche besprochen.

- **Phase 1** – Eröffnung und Reflexion des Wochenziels: Nach einer Eröffnung wird zunächst über das Wochenziel gesprochen, das z. B. die Klassengemeinschaft oder den Umgang miteinander betreffen kann. Haben wir das Ziel der letzten Woche erreicht? Was hat gut geklappt? Was können wir noch verbessern?
- **Phase 2** – auf die Reflexion folgt die »Bonus-Runde«: In der Kreismitte liegen vier Bild-/Wortkarten Feedback: »Danke«, »Entschuldige«, »Prima«, »Stopp«. Nacheinander darf jede*r Schüler*in eine Karte nehmen, diese vor ein*en Mitschüler*in legen und etwas Passendes sagen, z. B. »Ich finde es *prima*, wie weit du schon rechnen kannst« oder »*Entschuldige*, dass ich dich diese Woche in der Pause geärgert habe.« oder »*Stopp*, ich möchte nicht, dass du dir immer Stifte aus meinem Federmäppchen nimmst, ohne zu fragen.« Auf diese Weise lernen bzw. üben die Kinder/Jugendlichen Dank, Lob und Kritik zu äußern sowie sich zu entschuldigen. Kleinere Konflikte, die unter der Woche entstanden sind, können nochmals kurz zur Sprache kommen.

Wichtige Regel während der Bonusrunde: Das angesprochene Kind/der angesprochene Jugendliche darf in diesem Moment nichts auf die Aussage erwidern, es muss es einfach so annehmen bzw. hinnehmen. Es besteht jedoch die Möglichkeit, später selbst eine Karte zu wählen und so etwas dazu zu sagen.

- **Phase 3** – Aktuelle Anliegen und das Wochenziel für die nächste Woche: Vor dem Abschluss dürfen die Kinder/Jugendlichen weitere Anliegen nennen. Hier können Dinge angesprochen werden, die einzelne Schüler*innen stören (z.B. eine unaufgeräumte Garderobe, ein vergessener Klassendienst, ein Lob für alle abgegebenen Hausaufgaben, die Bitte, beim Abholen aus der Pause nicht zu rennen und zu drängeln). Da diese Anliegen von den Kindern bzw. Jugendlichen geäußert werden, haben diese eine andere Gewichtung, als wenn sie von der Lehrkraft eingebracht werden. Die Wünsche der Kinder/Jugendlichen können das Wochenziel der nächsten Woche darstellen, zu dem Umsetzungsideen – »Was kann uns helfen, das Ziel zu erreichen?« – besprochen werden können.

Zum Abschluss des Klassenrates wird bei niedrigeren Klassenstufen noch das Klassentier an eine Schülerin bzw. einen Schüler verlost, die bzw. der es über das Wochenende mit nach Hause nehmen darf.

TIPP

Bericht aus der Praxis:

Frau Kleinschmidt, die das Angebot in ihrer Klasse einsetzt, betont die Bedeutung der »Bonus-Runde«: »Diese Runde ist eine sehr positive Runde. Das Stopp-Schild kommt kaum zum Einsatz, vielmehr loben und danken sich die Schüler*innen gegenseitig. Die Kinder in meiner Klasse haben auf diese Weise einen sehr wertschätzenden Umgang miteinander gelernt und legen Wert darauf, dass dies auch wirklich jeden Freitag stattfindet.«

Ähnliche Methoden hier im Buch:

► TIPP #23: Wochenabschlusskreis
► TIPP #28: Unsere Klasse

Methodenvorschlag von: Sara Kleinschmidt, Lehrerin an der Zwieseltalschule Schwabach

TIPP #22: Hier bin ich zuhause!

Zu sehen, wie Mitschüler*innen wohnen, kann Verständnis fördern und neue Perspektiven eröffnen. In folgendem Tipp besuchen sich die Schüler*innen im Rahmen eines Klassenausflugs gegenseitig. Sie erfahren, wo ihre Klassenkamerad*innen leben, womit sie sich gerne außerhalb der Schule beschäftigen und lernen die Lieblingsaktivitäten kennen. Verständnis für besondere Lebensbedingungen von Kindern mit Behinderung kann gewonnen werden.

Schulstufe:	Primarstufe
erforderlich:	Unterstützung von Eltern; Stadtplan/Landkarte der Stadt/Region; ggf. Fotos und andere Gegenstände über das Zuhause/die Lieblingsbeschäftigung der Kinder
geeignet für:	alle Kinder und Jugendlichen
Dauer:	mehrere Unterrichtseinheiten (sowie ein Wandertag)

Vorbereitung:

Im Rahmen eines Elternabends stellt die Lehrkraft die Übung und das Ziel der Klassenbesuche vor und spricht das Vorgehen mit den Eltern ab. Sind die Eltern einverstanden und unterstützen sie die Besuche der Klasse zuhause? Falls ja, werden die Eltern darauf hingewiesen, dass ihre Kinder sich Gedanken machen sollen, was sie ihren Mitschüler*innen gerne zeigen bzw. welche Lieblingsbeschäftigungen sie präsentieren wollen. Denkbar ist auch, dass einzelne Kinder und ihre Eltern nur ungern ihr Zuhause zeigen. In diesen Fällen könnten auch für das Kind andere wichtige Bereiche aus dem Freizeitbereich (z. B. Spielplatz, Fußballplatz) gezeigt werden. Anschließend werden erste Termine benannt und mögliche Besuche vorbesprochen – möglicherweise ist es auch erforderlich, dass Eltern die Unterrichtsgänge im Rahmen eines Fahrdienstes unterstützen. Zudem werden die Eltern gebeten, eine kleine Überraschung wie beispielsweise ein Getränk oder ein Obst vorzubereiten.

Vorgehensweise:

Im Klassenraum wird eine Karte der Stadt bzw. Gemeinde mit den umliegenden Stadtteilen/Dörfern aufgehängt. Die Schüler*innen suchen ihr »Zuhause«. Beim Zeigen der Wohnorte stellt sich heraus, dass einige Kinder in unmittelbarer Nähe der Schule wohnen, andere weiter weg. Vermutlich kristallisiert sich heraus, dass mehrere Unterrichtsgänge benötigt werden, um sich gegenseitig zu besuchen, und einige Wohnorte nur kurz, andere etwas länger (z. B. mit Essenspause) aufgesucht werden. Wichtig ist, dass jedes Kindes in seinem Zuhause oder Freizeitort seinen Lieblingsbereich (»Hier bin ich gerne«, »Hier spiele ich gerne«) und seine Interessen zeigen kann. In der Regel können ca. vier bis acht Orte an einem Tag besucht werden, sodass über das ganze Jahr verteilt vier bis fünf Tage für die Methode eingeplant werden sollten.

In der Klasse wird zudem eine Ecke eingerichtet, in der Fotos der Besuche, z. B. des Wohnortes aber auch der Lieblingsbeschäftigung des besuchten Kindes, präsentiert werden. Jedes Kind soll einen kleinen Text dazu schreiben, was ihr*ihm an ihrem*seinem Zuhause wichtig ist und besonders gut gefällt.

Variante:

Sollten reale Besuche nicht umsetzbar sein, sind auch Präsentationen über die Wohnorte bzw. Lieblingsbeschäftigungen möglich. Hierzu ist es hilfreich, Themen vorzugeben, für die die Kinder Fotos oder andere für sie wichtige Gegenstände mitbringen, z. B.:

- Hier schlafe ich.
- Hier treffe ich mich mit Freund*innen.
- Hier ist mein Lieblingsplatz.

TIPP

Bericht aus der Praxis:

Frau Banner berichtet über vielfältige, positive Erfahrungen beim Einsatz dieser Methode. Sie hat erlebt, dass die Kinder unheimlich stolz darauf sind, zu zeigen, wo sie zuhause sind. Vor allem Kinder, die in der Klassengemeinschaft nicht im Mittelpunkt stehen und oft bei Geburtstagen übersehen werden, profitieren aus ihrer Sicht von dieser Maßnahme.

Ähnliche Methoden hier im Buch:

► TIPP #1: Selfies
► TIPP #8: Das Frage-und Antwort-Spiel

Methodenvorschlag von: Angelika Banner, der ehemaligen Schulleiterin der Grundschule Münsing

TIPP #23: Wochenabschlusskreis

Der Wochenabschlusskreis ist eine Form der Reflexion, die vergangene Woche Revue passieren zu lassen und auf Erfolge zurückzublicken. Im Rahmen des Rückblicks können sowohl die Leistungen einzelner Schüler*innen als auch Klassenleistungen angesprochen werden. Die Aufmerksamkeit soll mithilfe dieser Methode sowohl auf die leistungsbezogenen schulischen Erfolge als aber auch genauso auf gelebte Werte oder persönliche Ressourcen gelenkt werden.

Schulstufe:	Primarstufe, Sekundarstufe I
Materialien:	Visualisierung der Wochentage (an Tafel, als Bilder, als Kalender)
geeignet für:	alle Kinder und Jugendlichen
Dauer:	30–45 Minuten am letzten Tag der Woche

Vorgehensweise:

Am letzten Tag der Woche kommen die Schüler*innen zum Wochenabschlusskreis zusammen, der von fröhlicher Musik eingeleitet wird. Die Lehrkraft begrüßt zu Beginn des Abschlusskreises jedes Kind persönlich mit Namen und leitet anschließend eine Gesprächsrunde ein. Dabei wird die Woche Tag für Tag durchgegangen (als visuelle Unterstützung dient hier ein Wochenkalender, die Bezeichnung der Wochentage auf der Tafel oder ein Brett, auf dem die Wochentage mithilfe eines Bildes abgebildet sind). Jede Schülerin, jeder Schüler bekommt die Möglichkeit zu erzählen, was ihr*ihm vom jeweiligen Wochentag in Erinnerung geblieben ist. Kann eine Person nicht selbstständig berichten bzw. fällt ihr nichts ein, benennt die Lehrkraft einige Momente der letzten Woche, in denen sie wahrgenommen hat, dass sich das Kind besonders gefreut oder geärgert hat bzw. es auf sie glücklich oder traurig wirkte.

Hat ein Kind von seinen Erlebnissen berichtet, motiviert die Lehrkraft alle anderen Schüler*innen dazu, Rückfragen zu stellen.

Nach dem Wochenrückblick haben die Schüler*innen die Möglichkeit, Dinge, wie zum Beispiel Bastelarbeiten, Auszeichnungen, Fotos, etc. vorzuzeigen, die sie in der letzten Woche erstellt oder bekommen haben.

Am Ende des Abschlusskreises zeichnet die Lehrkraft »einen Schüler oder eine Schülerin der Woche« aus, wobei neben guten Leistungen z. B. auch vorbildhaftes Verhalten, Hilfsbereitschaft, Verbreiten von guter Stimmung bewertet werden. Auch kann der Umgang mit besonderen Schwierigkeiten besondere Anerkennung erfahren. Wichtig ist, dass jedes Kind im Laufe des Schuljahrs mindestens einmal in den wöchentlichen Abschlussrunden ausgezeichnet wird und die Lehrkraft vielfältige (und nicht nur leistungsbezogene) Werte den Auszeichnungen zugrunde legt. Für seine besonderen Leistungen bekommt das Kind einen Sticker, der für jeden sichtbar ist. Auch erhalten ein bis zwei Schüler*innen das »Kompliment der Woche«. Dieses wird für eine konkrete Situation in der vergangenen Woche verliehen, in denen sich die Kinder aus Sicht ihrer Mitschüler*innen vorbildhaft verhalten haben. Das Kompliment der Woche soll von den Mitschüler*innen vergeben werden – gegebenenfalls kann hier die Lehrkraft anfangs helfen. Am Ende des Abschlusskreises wird (insbesondere in der Primarstufe) noch ein gemeinsames Lied gesungen.

TIPP

Wertschätzung und Anerkennung sind für alle Schüler*innen bedeutsam! Ein Kollege betonte in diesem Zusammenhang einmal, dass jeder Mensch einmal am Tag das Gefühl haben sollte, dass er wichtig ist.
Die Wochenabschlussrunde kann dieses Gefühl der Wichtigkeit unterstützen, indem schöne Momente rekapituliert und Erfahrungen und Kompetenzen herausgestellt werden können. Auch werden die Werte, die in der Schulklasse von Bedeutung sind, mit jedem Mal aktualisiert und allen in der Klasse bewusst.

Ähnliche Methoden hier im Buch:

► TIPP #21: Klassenrat

Methodenvorschlag von: Sabine Willi, Lehrerin an der Fritz-Felsenstein-Schule in Königsbrunn

TIPP #24: Eine gute Lösung

Viel zu oft werden Streitigkeiten unter Schüler*innen von den Lehrkräften »gelöst«, ohne dass den Streitenden die Möglichkeit geboten wird, sich selbst an der Lösung eines Konflikts zu beteiligen und eigene Vorschläge einzubringen. Mit dem Ziel, konstruktive Lösungen für einen Streit zu finden, die für beide Streitparteien annehmbar sind, erleben sich die Schüler*innen bei diesem Angebot als selbstbestimmte Personen, die einen Lösungsprozess aktiv mitgestalten, und sich gleichzeitig darum bemühen, die Perspektive des anderen wahr- und ernst zu nehmen.

Schulstufe:	Primar- und Sekundarstufe (ab 3. Klasse)
Materialien:	acht Papierzettel für Lösungsideen; ein Zettel mit einem grünen Plus, ein Zettel mit einen roten Minus, auf denen die Lösungsideen abgelegt werden können; Stifte
geeignet für:	alle Kinder und Jugendlichen
Dauer:	35–45 Minuten

Vorgehensweise:

Kommt es in einer Klasse zu einem Streit zwischen zwei Schüler*innen, kann die hier beschriebene Methode zum Einsatz kommen, wenn der erste Ärger abgeklungen ist und der Streit geschlichtet werden soll. Die beiden Streitenden bekommen jeweils vier Papierzettel ausgehändig. Zwei Papierzettel dienen dazu, dass die Schülerin bzw. der Schüler auf jedem Papier jeweils eine Idee aufschreiben kann, wie sie*er selbst zur Lösung des Streits beitragen könnte. Auf den verbleibenden zwei Zetteln sollen zwei Lösungen notiert werden, die sie sich von der anderen Streitpartei wünschen. Währenddessen legt die Lehrkraft einen Zettel mit einem grünen Plus und einen Zettel mit einem roten Minus in die Mitte zwischen die beiden Streitenden.

Anschließend werden die insgesamt acht Zettel der beiden Schülerinnen bzw. Schüler eingesammelt und von der Lehrkraft vorgelesen. Die Lehrkraft fragt jeweils, ob die Lösung für beide Kinder bzw. Jugendliche annehmbar ist. Beantworten beide die Frage mit »Ja«, wandert der Vorschlag auf den Zettel mit dem grünen Plus. Ist einer der beiden Streitenden nicht einverstanden, ordnet die Lehrkraft diese Lösung dem Stapel mit dem roten Minus zu. Am Ende werden alle Vorschläge des ersten Stapels mit dem grünen Plus nochmals vorgelesen und die Streitenden wiederum gefragt, ob sie mit allen Vorschlägen einverstanden sind, ggf. wird noch einmal neu sortiert, falls nicht. Sinnvoll ist es, diese Vorschläge anschließend in genau formulierten Vereinbarungen zu fixieren.

TIPP

Die Lehrkraft hat darauf zu achten, dass nur Lösungen angenommen werden, die für die Streitenden wirklich umsetzbar sind. Bei Vorschlägen, die zum Beispiel Geldgeschenke beinhalten und beide zustimmen, ist es Aufgabe der Lehrkraft, diese auszusortieren bzw. umzuformulieren. Außerdem sollten die Vorschläge einigermaßen gerecht verteilt sein, sodass beide in etwa gleich zur Lösung des Streits beitragen.
Für weitere Streitschlichtungstipps – siehe folgende Buchempfehlungen:

- Hanke, O. (2007): Konfliktlotse in 30 Stunden. München/Basel: Ernst Reinhardt
- Kühlewind, R. (2019): Konflikte an Förderschulen gewaltfrei lösen. Einfache und differenzierte Materialien zu Gewaltprävention und Streitschlichtung. Hamburg: Persen

Ähnliche Methoden hier im Buch:

► TIPP #21: Klassenrat

■ Methodenvorschlag von: Melanie Baier, tätig als Lehrerin am Pater-Rupert-Mayer-Zentrum, Regensburg.

TIPP #25: Den anderen von der Palme holen

Intuitiv gelingt es Kindern untereinander häufig gut, die wunden Punkte anderer zu finden, auf die wie Schalter gedrückt werden muss, um jemanden wütend zu machen und »auf die Palme zu bringen«. Die folgende Methode dient dazu, in der Klasse über Möglichkeiten zu sprechen, die Mitschüler*innen »von der Palme zu holen« und im Konfliktfall zu deeskalieren.

Schulstufe:	Primar- und Sekundarstufe (ab 3. Klasse)
Materialien:	Papierzette; Palme aus/auf Papier
geeignet für:	alle Kinder und Jugendlichen
Dauer:	30 Minuten

Vorgehensweise:

Im Rahmen einer Unterrichtsstunde, die in einem Stuhlkreis stattfindet, wird zunächst über persönliche »wunde Punkte« gesprochen und die Möglichkeiten, wie man seine Mitschüler*innen ärgern und Wut auslösen kann bzw. darüber, was in einem selbst Wut auslöst. Eine Möglichkeit zur Einführung in das Thema bei jüngeren Kindern ist z. B. das Buch »Das verrückte Schimpfwörter-ABC« von Regina Schwarz und Michael Schobe/Esslinger. Mithilfe der dort präsentierten Beispiele können die Kinder aufzeigen, wenn sie sich von einem Schimpfwort geärgert fühlen. Auch können die Schüler*innen im nächsten Schritt gebeten werden, Schimpfwörter auf ein Papierzettel aufzuschreiben und diese dann verdeckt der Lehrkraft zu geben (oder in eine Box einzuwerfen), sodass die Lehrkraft einige »Klassenschimpfwörter« vorlesen kann. Mit älteren Schüler*innen kann stattdessen darüber gesprochen werden, warum Menschen sich ärgern und »beschimpfen« und wieso Schimpfwörter, auch wenn sie vielleicht eigentlich spaßig gemeint sind, verletzend sein können.

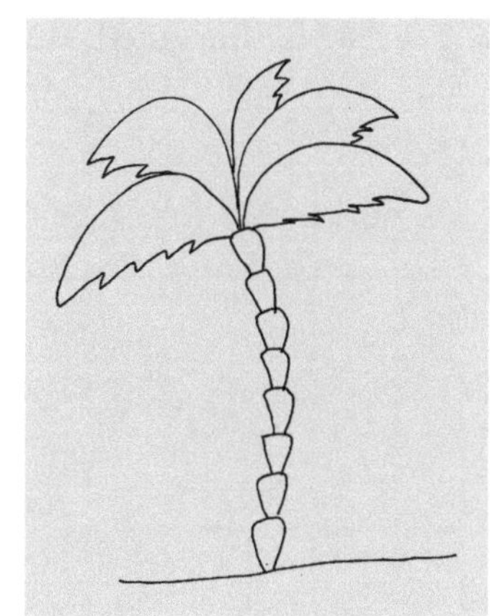

Im nächsten Schritt wird eine Palme in die Mitte des Stuhlkreises gelegt. Alle Schüler*innen soll sich nun vorstellen, wann sie das letzte Mal sehr wütend waren und jemand sie auf die Palme gebracht hat. Wenn ein Kind bzw. ein*e Jugendliche*r davon berichten möchte, ist es*sie*er an dieser Stelle dazu eingeladen. Danach sollen die Schüler*innen Kleingruppen bilden und gemeinsam überlegen, was ihnen hilft, von der Palme wieder herunterzukommen. Jede Gruppe soll ihre Gedanken und Ideen aufschreiben (z. B. das Zimmer verlassen, Schreien, Weinen, Sprechen, Ruhe haben). Im nächsten Schritt wird gefragt, wie andere Menschen in der Schule helfen können, dass jemand wieder von der Palme kommt – und auch hier sollen alle Gruppen ihre Lösungsideen vorstellen. Zurück im Stuhlkreis werden die Gruppen gebeten, zunächst ihre Unterstützungswünsche zu benennen und oben auf die Palme zu legen. In der zweiten Runde sollen dann von jeder Gruppe Lösungsideen präsentiert werden, wie jemand anderes von der Palme geholt werden kann. Diese werden unter der Palme gesammelt.

Variation:
Eine Ergänzung für ältere Kinder befasst sich mit dem Ärgerprozess an sich und möglichen Deeskalationsmaßnahmen im Vorfeld. Zu diesem Zweck wird mit den Schüler*innen thematisiert, dass nicht jedes Ereignis oder jedes Ärgernis eine Person nach ganz oben auf die Palme bringt, sondern das es unterschiedliche Intensitäten gibt: Neben einem großen Ärgernis können manchmal viele kleine Ereignisse dazu führen, dass eine Person »richtig wütend« wird. Mit diesem Gedanken werden die Schüler*innen gefragt, unterschiedliche Ärgernisse zu benennen und anschließend zu sagen, an welche Stelle der Palme sie dieses Ereignis bringt und wie sie sich dabei fühlen. Auf diese Weise ist der Palmenstamm wie ein »Ärger-Thermometer« zu sehen, das Ärger in Höhe von »ganz oben«, »mittel« oder »kaum« anzeigen kann. Auch macht das Bild deutlich, dass es leichter ist, wieder von der Palme zu kommen, wenn man noch nicht ganz oben angekommen ist.

Im nächsten Schritt sollen die Schüler*innen überlegen, welche Strategien im Vorfeld sinnvoll sind, um schon früh von der Palme wieder herunterzukommen oder sich gar nicht erst auf die Palme jagen zu lassen Diese Strategien sollen die Schüler*innen in Kleingruppen beraten, die Ideen aufschreiben und anschließend im Plenum vorstellen. Auf diese Weise wird über Möglichkeiten der Selbst- und Fremdsteuerung von Ärger und Wut unterschiedlicher Intensität beraten.

Ähnliche Methoden hier im Buch:
► TIPP #24: Eine gute Lösung

TIPP #26: An den Rollstuhl fesseln

Die Auseinandersetzung mit unserem Sprachgebrauch hilft, über Haltungen und Werte in der Gesellschaft sowie in der Klasse zu reflektieren. Im Kontext von Behinderung werden immer wieder Begriffe genutzt, die eine negative Konnotation haben. Hiermit setzt sich die nächste Übung auseinander, die das Ziel hat, für eine barrierefreie Sprache zu sensibilisieren.

Schulstufe:	Sekundarstufe
Materialien:	PC oder Tablet; Internetzugang; Moderationskarten; Klebepunkte
geeignet für:	alle Kinder und Jugendlichen
Dauer:	75–90 Minuten

Vorgehensweise:

Allein schon die Frage, wie wir Menschen mit Behinderung bezeichnen, löst viele Unsicherheiten aus und verleitet dazu, die »Sprachpolizei zu Rate« zu ziehen. Ist die richtige Bezeichnung

- Behinderte bzw. Behinderter,
- Mensch mit Handicap,
- Krüppel,
- Mensch mit Beeinträchtigung?

Folgende Übung soll hier Verwendungssicherheit vermitteln und für Wortbedeutungen sensibilisieren. Auch soll grundlegend angeregt werden über Behinderung zu sprechen.

Die erste Unterrichtseinheit beginnt mit einem Brainstorming zum Thema »Sprache zum Thema Behinderung«, indem alle Schüler*innen (ggf. in Kleingruppenarbeit) gebeten werden, Begriffe oder Sätze auf jeweils eine Moderationskarte aufzuschreiben, die sie im Kontext Behinderung schon gehört oder selbst verwendet haben. Diese werden anschließend in der Klasse vorgestellt und an die Tafel mit Klebeband geklebt. Im nächsten Schritt werden die Teilnehmer*innen gebeten, in Zweiergruppen den Begriff oder die Aussage zu bewerten, indem auf die Zettel Klebepunkte geheftet werden:

- Ein blauer Punkt, falls der Begriff eine positive Bedeutung hat,
- ein gelber Punkt, falls der Begriff neutral bewertet wird und
- ein roter Punkt, wenn der Begriff eine negative Bedeutung widerspiegelt.

Haben alle Gruppen ihre Punkte vergeben, wird über das Ergebnis gesprochen. Wie viele als positiv, negativ oder neutral bewertete Begriffe gibt es? Warum wird ein Begriff als negativ beurteilt?

Nach dieser Diskussion wird als Hausaufgabe (oder in einer Recherchestunde) die Aufgabe gegeben, allein oder in Kleingruppen Zeitungsartikel zum Thema Behinderung im Netz zu recherchieren und hier ebenfalls positive und negative Sprachbedeutungen herauszusuchen. Der Zeitungsartikel soll dann fotografiert bzw. ausgedruckt werden. Möglicherweise finden die Schüler*innen negativ bewertete Aussagen wie:

- »Sie hat ein schweres Los zu bewältigen.«
- »Er leidet unter seiner Behinderung.«
- »Er ist an den Rollstuhl gefesselt.«
- »Sie lebt ein trauriges Leben.«
- »Der Behinderte war ein Zwerg.«

In der Folgestunde werden die Artikel und die Begriffe vorgestellt. Anschließend werden Kleingruppen zu drei bis vier Personen gebildet, die von der Lehrkraft die Aufgabe bekommen, eine Aussage als menschliche Skulptur zu erstellen. Diese Skulptur soll wie ein »dreidimensionales Foto« den Begriff wiedergeben. Sollte es einer Gruppe schwerfallen, hier eine Skulptur zu erstellen, wäre auch eine Pantomime denkbar. Anschließend dürfen die anderen den Begriff erraten.

Als Beispiel wäre es denkbar, dass eine Dreiergruppe die Aussage »am Rollstuhl gefesselt« nachstellt. Zu diesem Zweck wird dargestellt, wie eine Person eine andere an den Rollstuhl fesselt. Auch denkbar wäre, wie eine Person »an seiner Behinderung« leidet oder eine kleinwüchsige Person als »Zwerg« dargestellt wird. Manchmal findet man in den Medien als Aussage auch, dass eine Behinderung eine Person »isoliert« oder jemand »trotz Behinderung« gute Leistungen zeigen kann.

Nach der Skulpturenphase wird in der Klasse darüber gesprochen, welche Begriffe stattdessen verwendet werden können, die eine neutrale oder positivere Bewertung in der Gesellschaft haben.

TIPP

Auf der Webseite www.leidmedien.de lassen sich weitere Anregungen und Materialien zum Thema finden. Hier werden auch verschiedene Begriffe für den Personenkreis reflektiert.

Ähnliche Methoden hier im Buch:

► TIPP #2: Meine Haltung
► TIPP #6: Das geheimnisvolle Leben des Apfels
► TIPP #10: In den Schuhen der*des Anderen
► TIPP #13: Das Tastspiel
► TIPP #16: Behindern

TIPP #27: »Weiterrutschen darf, wer ...«

Zum Kennenlernen von Unterschieden und Gemeinsamkeiten eignet sich dieses Spiel, indem Kinder bzw. Jugendliche in der Klasse auf Fragen der Lehrkraft durch Weiterrutschen reagieren und feststellen, dass immer ganz unterschiedliche Mitschüler*innen etwas gemeinsam haben. Im Rahmen des Spiels können sich die Kinder über Erfahrungen und Erlebnisse aus der letzten Woche austauschen, ohne darüber zu sprechen. Manchmal fällt es Kindern schwer, etwas aus ihrem Leben oder über sich selbst zu erzählen. Da können Sätze wie z. B. »Weiterrutschen darf, wer letzte Woche ein Eis gegessen hat« oder »wer mehr als zwei Geschwister hat« manchen Kindern bzw. Jugendlichen helfen. Über diesen Weg erfährt eine Gruppe schnell, wer die anderen sind und was sie tun. Nebenbei kommen die Kinder/Jugendlichen in Körperkontakt und verlieren Berührungsängste.

Schulstufe:	Primar- und Sekundarstufe
Materialien:	Stuhlkreis; bei älteren Kindern im Stehen durchführbar
geeignet für:	alle Kinder und Jugendlichen, die Anweisungen der Lehrkraft hören oder auf Tafeln bzw. mit Gebärden dargestellte Kategorien verstehen können.
Dauer:	15 –30 Minuten

Vorgehensweise:

Die Schüler*innen setzen sich in einen Stuhlkreis. Jede*r bekommt zunächst die Aufgabe, sich den eigenen Ausgangsplatz merken. Falls erforderlich können auch Bilder der Kinder/Jugendlichen oder Markierungen an den Stühlen auf den eigenen Platz hinweisen. Das Spiel beginnt. Die Lehrkraft gibt Anweisungen, die die Kinder, auf die die Anweisung zutrifft, ausführen.

»Weiterrutschen darf, wer ...

- ... blöd geträumt hat heute Nacht.«
- ... zum Frühstück Nutella gegessen hat.«
- ... sich letzte Woche mit jemandem gestritten hat.«
- ... ein Haustier hat.«
- ... heute zwei verschiedene Socken trägt.«
- ... schon einmal im Rollstuhl saß.«
- ... gut kochen kann.«
- ... den Buchstaben A in seinem Namen hat.«
- ... am liebsten Schokoladeneis isst.«
- ... mehr als zwei Geschwister hat.«
- ... schon einmal operiert wurde.«
- ... schon einmal geritten ist.«
- ... ein Musikinstrument spielt.«

Trifft der Satz auf die Schüler*in zu, so darf diese*r im Uhrzeigersinn einen Platz weiterrutschen. Falls die*der Sitznachbar*in nicht weiterrutschen durfte, setzt sie*er sich auf den Schoß der Sitznachbarin bzw. des Sitznachbarn. Es kann auch zur »Stapelung« mehrerer Kinder bzw. Jugendlichen übereinander kommen. Als besondere Regel kann gelten: Es darf immer nur die*der Oberste einen Platz weiterrutschen, auch wenn die Kategorie auf ein Kind/Jugendlichen weiter unten zutreffen würde. Die weiter unten sitzenden Kinder/Jugendlichen sind somit »blockiert«. Gewonnen hat, wer als erstes wieder auf dem Ausgangsplatz sitzt.

Variation:

Die Schüler*innen sitzen im Kreis, wobei ein Stuhl weniger vorhanden ist, als Kinder bzw. Jugendliche da sind, weswegen ein*e Schüler*in in der Mitte steht. Die Person in der Mitte hat die Aufgabe, die anderen zum Aufstehen zu bewegen, um selbst einen Platz zu bekommen. Das gelingt durch die Aussage: «Alle, die … (blond sind/gerne Sport machen/ gerne malen etc.)." Jede*r die*der sich von der Aussage angesprochen fühlt, muss aufstehen und den Platz mit einer anderen stehenden Person tauschen – die Person in der Mitte versucht dabei, sich schnell auf einen frei werdenden Platz zu setzen.

TIPP

Das Spiel macht Spaß und ist aufgrund der Bewegungsimpulse für die Klasse sehr lustig. Eine besondere Herausforderung besteht für die Lehrkraft, sich Anweisungen zu überlegen, sodass unter den Kindern immer neue Gruppen entstehen und sie nicht dazu führen, dass sich Kinder in negativer Hinsicht »outen« müssen.
Nicht alle Kinder und Jugendlichen mögen Körperkontakt. Bei Kindern mit Autismus oder auch Jugendlichen in der Pubertät empfiehlt sich statt einem Sitzkreis ein Stehkreis, in dem sich die Schüler*innen voreinander stellen.
Bei Kindern und Jugendlichen mit körperlichen Beeinträchtigungen, die einen Rollstuhl nutzen, empfiehlt sich, dass das Kind den Rollstuhl fortbewegt oder es von anderen einen Platz weitergeschoben wird und somit nun die hinter ihr sitzende Person »blockiert«.

Ähnliche Methoden hier im Buch:

- ▸ TIPP #8: Das Frage- und Antwort-Spiel
- ▸ TIPP #42: Gemeinsamkeitenkarte

Methodenvorschlag von: Daniela Demharter, Sonderschullehrerin an der Ludwig-Guttmann-Schule in der Außenstelle Kronau

Zusammenhalt und Gemeinschaftssinn

Das vierte Prinzip zielt darauf ab, die Klassengemeinschaft und den Zusammenhalt in einer heterogenen Klasse zu stärken. Ein Überblick über die Tipps und die Zuordnung zu den sechs Prinzipien findet sich in Tabelle 8.

Tabelle 8: Zuordnung der Tipps der Unterrichtsebene aus dem Bereich des Zusammenhalt und Gemeinschaftssinn zu den sechs Prinzipien

	Ressourcenorientierung	Barrierefreiheit	Kompetenz für Vielfalt	Zusammenhalt	Spezifische Hilfen	Erfolgreiches sichtbar machen
TIPP #28	✓		✓	✓		
TIPP #29	✓		✓	✓	✓	
TIPP #30			✓	✓		
TIPP #31	✓		✓	✓	✓	
TIPP #32	✓		✓	✓		
TIPP #33			✓	✓		
TIPP #34	✓		✓	✓		
TIPP #35	✓		✓	✓		
TIPP #36	✓		✓	✓		

TIPP #28: Unsere Klasse

Die Kinder tauschen sich in der Klasse darüber aus, was ihnen in ihrer Klasse gefällt und was nicht. Sie erkennen, dass sie selbst das Klima in der Klasse beeinflussen und jeder etwas zu einem positiven Klassenklima beitragen kann. Auf diesem Weg erstellen die Schüler*innen Klassenregeln, die dazu beitragen, dass jede*r sich wohlfühlen kann.

Schulstufe:	Primar- und Sekundarstufe I
Materialien:	Arbeitsblatt »Unsere Klasse«; Arbeitsblatt »Brief an mich selbst«
geeignet für:	alle Kinder und Jugendlichen, die sich zu dem, was ihnen in der Klasse gefällt und was nicht (mit Hilfsmitteln und personaler Unterstützung) äußern können
Dauer:	75–90 Minuten

Vorgehensweise:
Im Rahmen einer Unterrichtsstunde oder im Anschluss an einen Morgenkreis wird das Arbeitsblatt »Unsere Klasse« ausgeteilt, das jedes Kind für sich bearbeitet. Es hilft, über Dinge zu reflektieren, die ihm in der Klasse gut und nicht so gut gefallen. Auf die Frage »Alle können mithelfen, dass es allen von Euch in der Klasse gut geht. Was kannst Du tun?« können die Schüler*innen eigene Ideen in die entsprechenden Felder des Arbeitsblatts eintragen, die später eine Grundlage für mögliche Klassenregeln darstellen. Haben alle das Arbeitsblatt ausgefüllt, werden diese an die Lehrkraft gegeben.

Unsere Klasse

Das gefällt mir gut in unserer Klasse:

Das gefällt mir nicht so gut in unserer Klasse:

Alle können mithelfen, dass es allen von Euch in der Klasse gut geht. Was kannst Du tun?

- Ich helfe mit, dass sich alle wohlfühlen können, wenn ich:
- Ich helfe mit, dass sich alle wohlfühlen können, wenn ich:
- Ich helfe mit, dass sich alle wohlfühlen können, wenn ich:

Zur nächsten Stunde trägt die Lehrkraft alle Antworten der Kinder zusammen und bringt sie ausgedruckt mit. Mithilfe der Schüler*innenantworten werden gemeinsam Klassenregeln aufgestellt und gesammelt. Bei sehr vielen Regeln findet gemeinsam eine Auswahl der wichtigsten statt oder es wird versucht, eine übergreifende Regel zu finden. Ziel ist, dass ca. drei bis sieben Klassenregeln gefunden und benannt werden.

Im nächsten Schritt geht es um die Formulierung der Regel. Zu diesem Zweck wird jede Regel von der Lehrkraft einmal negativ und einmal positiv formuliert und an die Tafel geschrieben. Die negative Regel verbietet eine Handlung und ist meistens mit »nicht« formuliert (z. B. »Wir dürfen uns im Streit nicht hauen«) während eine positive Regel aufzeigt, wie genau das Verhalten aussehen soll (z. B. »Wir wollen Streit lösen, indem wir miteinander sprechen«).

Die Schüler*innen vergleichen die positiv und negativ formulierten Klassenregeln und erkennen, dass negative Regeln etwas verbieten, während positiv formulierte Regeln die Handlungen der Kinder ausrichten können. Anschließend kann gemeinsam ein Poster, ein Aushang mit den Klassenregeln gestaltet werden.

Ein letzter Schritt in diesem Unterrichtszyklus, der am besten einige Stunden nach dem Austausch über die Klassenregeln stattfinden kann, stellt der »Brief an mich selbst« dar. Mithilfe des Arbeitsblattes denken die Schüler*innen darüber nach, was sie selbst konkret tun möchten, damit sich alle in der Klasse wohlfühlen. Der Brief kann dann anschließend eingesammelt werden und zu einem beliebigen Zeitpunkt in der Zukunft wieder ausgeteilt werden.

Brief an mich selbst

für das Schuljahr ________

Ich werde dazu beitragen, dass sich alle wohlfühlen können, indem ich

Variante:

Statt der individuellen Bearbeitung des Arbeitsblattes »Unsere Klasse« können die Inhalte auch im Rahmen eines Klassengespräches zusammengetragen und anschließend von der Lehrkraft aufgeschrieben werden.

TIPP

Einige Kinder, z. B. Kinder mit schweren Mehrfachbehinderungen, können sich nicht sprachlich äußern. Sie sind darauf angewiesen, dass andere Personen wie die Lehrkraft, Assistenzen und die Mitschüler*innen ihre Anliegen mit im Blick haben.
In der Klasse kann dies thematisiert werden. So lässt sich gemeinsam herausfinden, wie die Mitschüler*innen einerseits Freude und Wohlbefinden zeigen (z. B. Lachen, entspannte Körperhaltung) und auf der anderen Seite Unwohlsein (z. B. Weinen, Anspannung) ausdrücken. Auf diese Weise können mithilfe von Empathie und Neugierde für die Perspektive von anderen Klassenregeln aufgestellt und überprüft werden.
Um besondere Erfordernisse für Kinder mit Behinderung zu kennen, sollte die Lehrkraft sich im Vorfeld mit dem Behinderungsbild auseinandersetzen und die Erfahrungen von Eltern und (Fach-)Kolleg*innen einbeziehen.

Ähnliche Tipps hier im Buch:

► TIPP #21: Klassenrat
► TIPP #23: Wochenabschlusskreis

*Methodenvorschlag von: Sarah Hanglberger, Lehrerin an der Elisabeth-Weber-Schule in Würzburg und Mitarbeiterin der Inklusionsberatung des Schulamtes Würzburg für Schüler*innen der Grund- und Mittelschulen*

TIPP #29: Lieblingslieder rhythmisch untermalen

Das gemeinsame Singen und Musizieren schafft Gelegenheiten, die Spaß machen und Menschen miteinander verbinden. Mit dem Blick auf eine heterogene Schüler*innenschaft können Lieder nach Fähigkeiten und Interessen ausgewählt und gemeinsam aufgeführt werden. Als Hilfestellung zur Auswahl und Vorbereitung passender Musikstücke für musikalisch begabte Lehrkräfte dient der folgende Tipp, der am Beispiel des bekannten Volksliedes »Der Kuckuck und der Esel« (Online zum Abhören und mit Noten und Text unter: www.lieder-archiv.de/der_kuckuck_und_der_esel-notenblatt_300722.html) das Vorgehen in heterogenen Klassen zeigt.

Schulstufe:	Primar- und Sekundarstufe
erforderlich:	Musik- oder Rhythmusinstrumente, die jedem Kind ermöglichen Laute, Rhythmus oder Töne zu machen; die Lehrkraft sollte ein grundlegendes musikalisches Fachverständnis besitzen
geeignet für:	alle Kinder und Jugendlichen
Dauer:	mehrere Unterrichtseinheiten

Vorgehensweise:

Als Vorbereitung wird ein Lied ausgewählt, das der Lehrkraft und den Schüler*innen gefällt. Jede Art von Lied ist möglich, sofern die Lehrkraft Ideen dazu hat, wie das Lied musikalisch oder rhythmisch aufgearbeitet werden kann. Am Beispiel von »Der Kuckuck und der Esel« werden die Vorbereitungsschritte im Folgenden erläutert.

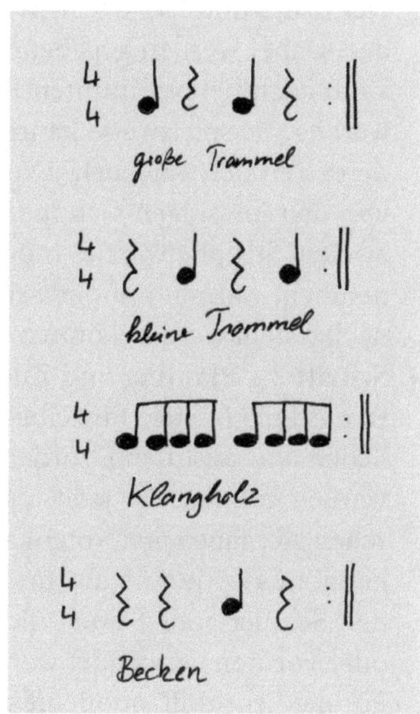

- **Schritt 1 – Analyse des Liedes:** Nachdem ein Lied bzw. Song ausgewählt wurde, werden in einem ersten Schritt rhythmische Elemente analysiert. Dabei ist der Notentext oder das Hören des Songs von enormer Wichtigkeit. Es gilt, das Tempo, Metrum bzw. die Taktart herauszufinden. Rhythmische Auffälligkeiten wie Taktwechsel oder wiederkehrende Rhythmen müssen zunächst herausgehört werden. Meist ist es am einfachsten, auf das Schlagzeug oder die Perkussionsinstrumente zu achten, da sie das Metrum angeben und den Takt den Song über durchhalten. Beim Lied »Der

Kuckuck und der Esel« ist zu sehen, dass das Lied im 4/4-Takt notiert wurde. Nun ist es möglich eine große Trommel auf den Zählzeiten 1 und 3 und wiederum eine kleine Trommel auf den Zählzeiten 2 und 4 spielen zu lassen. Um Achtelnoten und weitere Instrumente, wie Klanghölzer oder Schütteleier etc. einzubinden, lässt sich jeder Takt mit acht Achtelnoten füllen. Da in jedem zweiten Takt eine Viertelpause auf der dritten Zählzeit erfolgt, kann man diese Auffälligkeit nutzen und die Pause durch beispielsweise einen Becken- oder Triangelschlag zu füllen.

Nachdem die rhythmische Ebene analysiert wurde, erfolgt nun im zweiten Schritt die Untersuchung der melodischen und harmonischen Ebene. Hier können bestimmte Intervalle, besondere Melodieverläufe oder Tonartwechsel auffällig und interessant sein. Hat man diese erkannt, lassen sich diese auf Instrumente verteilen, sodass mehrere Schüler*innen bei der melodischen Gestaltung des Liedes eingebunden werden können. Beim Beispiellied »Der Kuckuck und der Esel« wäre es möglich, das Intervall der kleinen Terz auf Xylophonen oder Blockflöten zu spielen. So kann, wenn das Lied in F-Dur steht, im ersten Takt ein*e Schüler*in c und a und ein anderer im dritten Takt b und g spielen. Tonwiederholungen wie in den Takten 5 (auf a) und 7 (auf g) können ebenfalls von Schüler*innen übernommen und vertont werden.

Xylophon I
Töne c & a
Xylophon II
Töne b & g

Der dritte und letzte Schritt der Liedanalyse befasst sich mit dem Text des Liedes. Dabei werden gegebene Laute, Ausrufe, Geräusche etc. gesucht. Der Text kann auch bei bestimmten Inhalten bestimmten Personengruppen zugeordnet werden. Beispielsweise kann ein Teil der Klasse den Esel »spielen« und ein anderer Teil den Kuckuck. Die Benennung der Tiere in der ersten Strophe kann von den jeweiligen Gruppen gesungen oder gesprochen werden kann. In der zweiten Strophe wäre es möglich, die wörtliche Rede der beiden Tiere zu übernehmen, während in der dritten Strophe die Tiergeräusche von Schüler*innen nachgestellt werden können.

- **Schritt 2 – Planung und Zuordnung der Beiträge:** Nach diesen Überlegungen ist das Lied in viele Einzelbeiträge unterteilt, die Kompetenzen auf unterschiedlichen Niveaustufen erfordern und den Kindern bzw. Jugendlichen zugeordnet werden können. Für jede*n Musiker*in können nun die rhythmischen, melodischen Aufgaben auf Notenkarten notiert werden, sodass jede Person nachlesen kann, was seine Aufgabe und wann sie an der Reihe ist. Sollten Notenwerte von den Schüler*innen noch nicht beherrscht werden, können stattdessen Farben oder Formen verwendet werden.

  Für die Lehrkraft empfiehlt sich eine Art Partitur als Überblick, in der sie nachlesen kann, welches Instrument zu welchem Zeitpunkt einsetzt und wie lange es jeweils spielt.

- **Schritt 3 – Übung und gemeinsames Musizieren:** Nun beginnt das Musizieren. Zunächst empfiehlt es sich, den Song bzw. das Lied mehrfach mit der Klasse anzuhören. Danach werden die jeweiligen Instrumente ausgeteilt und jede Person bekommt den für das Instrument passenden Rhythmus bzw. die passende Tonabfolge. Jede*r Schüler*in sollte den Rhythmus allein und ohne Musik im Hintergrund in Form von »Call and Response« (d. h. die Lehrkraft macht es vor und die Schülergruppe wiederholt den Beitrag bzw. steigt langsam mit ein) verinnerlichen, bevor dann das komplette Stück zusammengesetzt wird. Wenn die Abläufe klar sind, kann das Originallied im Hintergrund laufen und die Klasse musiziert gemeinsam. Natürlich besteht auch die Möglichkeit begleitend zu singen. Die Lehrkraft übernimmt die Rolle des Dirigierens und koordiniert die Einsätze. Nach mehrfachen Durchgängen kann entweder ein gemeinsamer oder schon vorher erarbeiteter Abschluss einstudiert werden.

Ähnliche Tipps hier im Buch:

► TIPP #11: Improvisation mit Musik und Bewegung
► TIPP #31: Spurensuche

Methodenvorschlag von: Rebecca Zschunke im Rahmen ihres Studium der Förderpädagogik an der Universität Leipzig

TIPP #30: Speed-Dating

Häufig ist zu beobachten, dass freiwillige, spontane Interaktionen vor allem zwischen den gleichen Schüler*innen einer Klasse stattfinden. Es bilden sich kleine Gruppen oder Cliquen, die für andere Mitglieder verschlossen sind. Hier setzt diese Methode an, indem jede Person mit jeder anderen eine kurze Zeit ein allen bekanntes Gesellschaftsspiel spielt. So können die Kinder mit verschiedenen Spielpartner*innen in Eins-zu-Eins-Situationen in Kontakt treten und die Erfahrung machen, dass man auch mit Mitschüler*innen außerhalb der eigenen Clique spielen kann.

Schulstufe:	Primar- und Sekundarstufe
Materialien:	vielfältige Spielangebote für zwei Personen (s. Liste unter Vorgehensweise)
geeignet für:	alle Kinder und Jugendlichen, die die ausgewählten Spiele kennen und sich leicht auf neue Spielsituation einstellen können
Dauer:	40–45 Minuten

Vorgehensweise:

Aus Tischen wird eine lange »Tafel« gestellt. An jedem Tisch sitzen sich zwei Schüler*innen gegenüber, zwischen ihnen ist ein Spiel aufgebaut. Die Kinder und Jugendlichen haben immer ca. zwei bis drei Minuten Zeit, das Spiel gemeinsam zu spielen. Ertönt ein akustisches Signal, hören die Schüler*innen genau an dieser Stelle auf zu spielen und rutschen im Uhrzeigersinn einen Platz bzw. ein Spiel weiter. Nach einem Wechsel wird immer genau dort weitergespielt, wo das Vorgängerteam stehen geblieben ist. Es wird so oft weitergerutscht, bis jedes Kind bzw. Jugendliche*r wieder auf seinem Ausgangsplatz sitzt. Folgende Spielstationen eignen sich z. B. dafür:

- Wattebausch pusten (dieser darf nicht auf der eigenen Seite vom Tisch fallen)
- Wer als erster lacht (sich gegenseitig in die Augen schauen und probieren, nicht zu lachen)
- Memory
- Kopf oder Zahl (Münze werfen)
- Jenga
- Mikado
- Vier Gewinnt
- Halli Galli
- Wer ist es?
- Knobeln / Kniffel / Yahtzee
- Quartett

Varianten:

- Für eine Gruppe, die sich untereinander (noch) nicht so gut kennt, z. B. beim ersten Kontakt zwischen einer Förder- und Regelschulklasse, kann eine gemixte Sitzordnung an den Tischen gewählt werden und wie beim echten Speed-Dating immer beim Weiterrutschen erst kurz der Name, das Alter und ein Hobby ausgetauscht werden, bevor das Spiel beginnt.
- Der Schwierigkeitsgrad der Spiele kann beliebig je nach Schüler*innenschaft angepasst werden. So kann für die einen Wattebauschpusten eine tolle Herausforderung sein, für die anderen eher komplexere Spiele wie Quartett.
- Das Spiel kann mit Bewegungsspielen in der Sporthalle oder draußen durchgeführt werden.
- Für Kinder und Jugendliche mit Behinderung sollten barrierefreie Spiele genutzt werden (z. B. UNO mit Braille-Markierungen). Ggf. kann sich für die Auswahl der Spiele (auch bei den Eltern) erkundigt werden, welche Spiele für die jeweiligen Schüler*innen geeignet sind.
- Für ältere Kinder/Jugendliche wäre auch ein klassisches Speed-Dating mit der Aufforderung, der*dem Gegenübersitzenden vordefinierte Fragen zu Hobbies, Interessen usw. zu stellen, möglich. Optimalerweise werden die Fragen vorher gemeinsam in der Klasse erarbeitet.
- Bei Kindern/Jugendlichen mit komplexeren Beeinträchtigungen können auch Stationen eingebaut werden, in denen Spiele oder Aktivitäten verlangt werden, die für diese Kinder und ihre Mitschüler*innen einen Spielcharakter haben. Beispielsweise können bei Kindern/Jugendlichen, bei denen der feinmotorische Einsatz der Hände erschwert ist, eine Station mit computergestützten Hilfsmitteln, wie z. B. Memory mit Augensteuerung, gespielt werden. Bei blinden Kindern sind taktile Aufgaben möglich. Bei diesen festen Stationen bleibt das Kind mit der Behinderung an seinem Platz, während die anderen weiterrutschen.
- Als Gruppenwettbewerb: In der Ausgangsposition bildet jeweils eine Tischseite eine Gruppe und gibt sich einen Namen. Erzielt eine Spielerin bzw. ein Spieler der Gruppe einen Punkt, so ruft man seinen*ihren Gruppennamen. Die Lehrkraft notiert dies als einen Punkt für die eigene Gruppe. Der Gruppenname bleibt das ganze »Spiele-Speed-Dating« über der gleiche pro Kind. Hierbei stehen nicht mehr das Spielen an sich und die Interaktion im Vordergrund, sondern der Wettbewerb. Die Gruppenbildung kann in diesem Fall dazu genutzt werden, dass neue Gruppen entstehen. Außerdem gewinnt das Spiel dadurch an Lebendigkeit und wird eher zu einem gemeinsamen Erlebnis.

Methodenvorschlag von: Daniela Demharter, Sonderschullehrerin an der Ludwig-Guttmann-Schule in der Außenstelle Kronau

TIPP #31: Spurensuche

Die Spurensuche ist als Kooperationsspiel für eine heterogene Schüler*innenschaft konzipiert. Es ist insbesondere für Kinder/Jugendliche im Rollstuhl gedacht. Die Schüler*innen verfolgen gemeinsam die Aufgabe, durch geschickte Bewegungen und Körperhaltungen einen Spurensuchenden zu verwirren. Alle Beteiligten sind gefordert, sich einzubringen und miteinander zu kooperieren.

Schulstufe:	Primar- und Sekundarstufe
erforderlich:	Sporthalle
geeignet für:	alle Kinder und Jugendlichen
Dauer:	30–45 Minuten

Vorgehensweise:

Auf einer Freifläche in der Klasse oder im Sport- oder Bewegungsraum bekommt eine Gruppe von ca. vier bis sieben Kindern die Aufgabe, einen Spurensuchenden in die Irre zu führen, indem die Gruppe bei der Fortbewegung im Raum spezielle Fußspuren hinterlässt.

BEISPIEL

»Eine Spurensucherin schleicht durch den Dschungel. Die Sucherin möchte die schönsten, seltensten und ungewöhnlichsten Tiere finden. Aber die Person ist nicht in guter Absicht unterwegs. Sie will die Tiere fangen. Ihr müsst sie austricksen, indem ihr sie von der Spur ablenkt. Bewegt euch durch den Raum und hinterlasst möglichst viele Spuren.
Jetzt hat die Spurensucherin erkannt, dass viele Menschen – das seid ihr – die Spuren der seltenen Tiere verwischen. Sie ist euch nun auf der Fährte und will euch aus dem Wald schicken.

- Macht eure Spur unkenntlich und imitiert die Spur eines unbekannten Wesens, das sich mit drei Händen, fünf Füßen und vier Rädern fortbewegt.
- Imitiert nun eine Spur eines anderen Wesens, das sieben Beine und zwei Räder sowie zwei Walzen hat (diese kann man erzeugen, wenn sich ein Kind auf dem Boden legt und sich seitlich rollt).
- Um sie ganz und gar zu verwirren: Macht nun möglichst viele verschiedene Spuren. Oder: Imitiert die Spuren einer Gruppe Bauarbeiter*innen mit Schubkarre.
- Zuletzt: Hinterlasst möglichst wenige Spuren.«

Nutzen Kinder und Jugendliche spezielle Hilfsmittel zur Fortbewegung, sollten diese explizit in die Arbeitsaufträge einbezogen werden. So kann beispielsweise ein Rollstuhl durch geschicktes gegenseitiges Heben, Stützen, Tragen und Schrägstellen mit zur Gestaltung von Spuren genutzt werden. Auch können möglicherweise zusätzliche Kinder befördert werden oder er kann ganz oder teilweise angehoben werden.

Die Besonderheit der Aufgabe liegt darin, Herausforderungen für die Gruppe zu benennen, die die Hilfsmittel der Schüler*innen erforderlich machen. Ein Rollator, ein Rollstuhl, eine Unterarmgehhilfe oder aber ein Blinden-Langstock werden erforderlich, um die Herausforderungen zu bewältigen.

Variante:

Je nach Raum und Platz kann die Lehrkraft Bewegungsaufgaben oder statische Aufgaben stellen – der Kreativität der Lehrkraft sind hier keine Grenzen gesetzt.

TIPP

Vertrauen und Sicherheit aller Schüler*innen sind die Grundlage für den Erfolg dieses Spiels. Bei diesem Spiel ist es wichtig, dass die Schüler*innen miteinander sprechen und insbesondere bei Personen mit Hör- und Verständigungsproblemen in angemessener Weise miteinander interagieren. Alle Kinder/Jugendlichen sollten darüber orientiert sein, was als nächstes passiert und was die Gruppe vorhat. Bei schreckhaften Kindern oder Ängsten vor Berührung und Körperkontakt sollte vorher reflektiert werden, ob das Kooperationsspiel geeignet ist.

Ist all dies möglich, kann die Verschiedenheit der Kinder als Vorteil für die Gruppe hervortreten. Durch die gestellten Herausforderungen an die Gruppe sind alle gemeinsam gefordert, kreativ tätig zu werden, aufeinanderzuzugehen und Berührungshürden abzubauen. Die Schüler*innen können so Vertrauen füreinander erwerben und Bestätigung erleben.

Ähnliche Tipps hier im Buch:

- TIPP #11: Improvisation mit Musik und Bewegung
- TIPP #29: Lieblingslieder rhythmisch untermalen
- TIPP #34: Zirkus und Bewegungskünste
- TIPP #38: Wheel-Soccer

Methodenvorschlag von: Matthias Spies im Rahmen seines Studiums der Sonderpädagogik an der Universität Würzburg

TIPP #32: Begegnungen mit der Klangschale

Die Arbeit mit der Klangschale übt auf die meisten Kinder eine faszinierende Wirkung aus. Töne lassen sich mit einem Schlägel erzeugen, Klängen lässt sich lauschen und die musikalischen Schwingungen können gefühlt oder auch mit Wasser sichtbar gemacht werden. Diese Vielfalt an Handlungs- und Erfahrungsmöglichkeiten stellen eine hervorragende Basis für den Einsatz in heterogenen Klassen dar. Alle Kinder bzw. Jugendlichen, egal wie gut sie sehen, hören, denken oder sprechen, können auf ihre individuelle Art und Weise die Klangschale einsetzen oder erleben. Sechs Möglichkeiten zur Förderung des sozialen Miteinanders mit der Klangschale werden im Folgenden vorgestellt.

Schulstufe:	Primar- und Sekundarstufe
Materialien:	mehrere Klangschalen mit einer mittleren bis tieferen Klangspanne; weiche Filzschlägel; für den Einsatz mit Wasser oder für geübtere Nutzer*innen können auch härtere Klangschlägel, z. B. mit Plastikstiel und Gummikopf, eingesetzt werden (die Dicke des Schlägels kann entsprechend der Altersstufe und greifmotorischen Fähigkeiten gewählt werden); Filz- und Korkuntersetzer als Unterlage zum Abstellen der Klangschalen
geeignet für:	alle Kinder und Jugendlichen
Dauer:	30–45 Minuten je Übung

Klangfaszination im Sitzkreis

Mithilfe einer oder mehrerer Klangschalen lässt sich gemeinsam in der Klasse ein Klangkonzert erzeugen, an dem jede*r Schüler*in mitwirken kann. Besonders schön klingt es, wenn Klangschalen mit unterschiedlicher Tonhöhe eingesetzt werden.

Vorgehensweise:
Im Rahmen eines Sitzkreises werden so viele Schlägel an die Schüler*innen verteilt, wie Klangschalen vorhanden sind. Jede*r hat die Aufgabe, einen Klang zu erzeugen und anschließend den Schlägel weiterzugeben. Auf diese Weise wirkt jede*r bei der Erzeugung eines Klassenklangs mit, der – je nach Bodenbeschaffenheit – auch über den Fußboden zu spüren ist.

Variante:
Als Variation können die Schlegel auch den unterschiedlichen Klangschalen zugeordnet werden und die Kinder bzw. Jugendlichen bewegen sich langsam im Kreis um die Schalen und schlagen diese an.

Bei nur einer Klangschale lässt sich diese auch im Sitz- oder Stuhlkreis weitergeben, während sie klingt. Älteren Kindern/Jugendlichen gelingt die Weitergabe häufig, ohne dass der Ton unterbrochen wird.

Vielfältige Klänge

Sowohl im Rahmen von Partner*innenarbeit, in der Kleingruppe oder in der ganzen Klasse lassen sich mithilfe einzelner als auch unterschiedlicher Klangschalen vielfältige und unterschiedliche Klänge erzeugen, die die Unterschiedlichkeit der Schüler*innen ausdrücken. Jede*r kann mit den eigenen Kompetenzen Töne erzeugen, die von allen Mitschüler*innen als Ausdruck der Individualität wahrgenommen werden können.

Vorgehensweise:
Im Rahmen einer Partner*innenarbeit, einer Kleingruppe oder einer Situation, an der die ganze Klasse teilnimmt, wird einer Person ein Schlägel und eine Klangschale gegeben und diese wird aufgefordert, einen Klang zu erzeugen, der ihr gefällt. Die anderen Schüler*innen der Klasse bzw. Gruppe lauschen dem Klang, bis er verklungen ist.

Im Anschluss kann bei älteren Kindern und Jugendlichen versucht werden, die Wahrnehmung in Worte zu fassen und das, was besonders gefallen hat, zu thematisieren. Auch ist für diese Altersgruppe eine Reflexion denkbar, bei der die Mitschüler*innen überlegen, wie der Klang zur Person passt und welche besonderen Fähigkeiten der Person in der Komposition zum Ausdruck kamen.

Variante:
Nachdem ein*e Schüler*in ihren*seinen Klang vorgestellt hat, können die Mitschüler*innen versuchen, diesen Klang zu imitieren oder ihn als Grundlage für eine Gruppenkomposition verwenden.

Die Klangschale im Rahmen von Ritualen

Neben dem Einsatz als Ritual, z. B. bei einem Geburtstag von einem Kind, zur Eröffnung des Morgenkreises oder zur Begrüßung eines neuen Mitschülers, einer neuen Mitschülerin in der Klasse, kann die Klangschale zur Begrüßung jedes einzelnen Schulkindes am Morgen eingesetzt werden, sodass sich jede Person besonders wertgeschätzt und willkommen geheißen fühlen kann.

Vorgehensweise:
Im Rahmen eines Morgenkreises bekommt ein*e Schüler*in die Aufgabe, nacheinander für jede*n Mitschüler*in einen Ton mit der Klangschale zu erzeugen. Wenn der Ton leiser und leiser wird, wird die*der erste mit seinem Namen begrüßt: »Liebe [Emma], schön, dass du heute da bist. Wir wünschen dir einen schönen Tag!«. Anschließend wiederholt sich dieser Vorgang, bis alle begrüßt worden sind.

Variante:
Wenn es im Rahmen der Klassensituation möglich ist, kann anfangs die Lehrkraft und später ein*e Schüler*in aus der Klasse jede*n Mitschüler*in bereits beim Betreten des Klassenzimmers begrüßen und diesem einen schönen Tag wünschen.

Klangfaszination mit Wasser

Im Rahmen der Einzel- und Kleingruppenarbeit mit der Klangschale lässt sich diese gut mit Wasser kombinieren.

Vorgehensweise:
Füllt man beispielsweise Wasser in die Klangschale und schlägt diese dann von außen an, lassen sich die Schwingungen und die erzeugten Bewegungen des Wassers beobachten. Bei stärkerem Anschlagen entsteht ein kleiner Springbrunnen, der besonders bei jüngeren Kindern Freude »über die aus dem Schlaf geweckten Wassergeistern« auslöst.

Die Schüler*innen können selbst probieren, welche Effekte ein leichtes und welche ein festeres Schlagen mit dem Gummischlägel erzeugt und ein gemeinsames Thema – das sich auch bei Schüler*innen mit Hörschädigungen nutzen lässt – ist für den Unterricht gefunden.

Variante:
Außer Wasser ermöglicht auch ein Luftballon, der aufgeblasen und in die Klangschale gegeben wird, Schallwellen zu fühlen. Schlägt man beispielsweise die Schale an und berührt den Luftballon, werden die Schallwellen an den Fingerkuppen spürbar.

Empathisch mit der Klangschale

In einer Klasse, in der die Kinder und Jugendlichen höchst unterschiedliche Wahrnehmungskompetenzen haben, müssen die Schüler*innen versuchen, sich in die Erlebenswelt ihrer Mitlernenden einzufühlen und für sie passende Klang- und Reizkonfiguration erstellen.

Vorgehensweise:
Die Lehrkraft gibt eine Klangkomposition vor, z. B. indem sie dreimal leicht die Klangschale anschlägt. Anschließend gibt die Lehrkraft die Klangschale und den Schlägel an ein*e Schüler*in in der Klasse. Wie bei dem Spiel »Stille Post« muss diese Person die Klänge nachmachen, dabei aber darauf achten, wie die*der folgende Mitschüler*in die Tonfolge am besten wahrnehmen kann (z. B. taktil bei Mitlernenden mit Hörschädigung) und welche Hilfestellungen (z. B. dicker, gut greifbarer

Schlegel bei einer*einem Mitschüler*in mit feinmotorischen Beeinträchtigungen; eigenes Festhalten der Klangschale auf dem eigenen Handteller) es benötigt, um selbst den Klang reproduzieren zu können. Dementsprechend wählt es aus den vorhandenen, auf dem Fußboden liegenden Hilfsmitteln jenes aus, das am besten geeignet für die*den folgenden Mitlernenden zu sein scheint und gibt ihr*ihm die Klangschale weiter. Nun ist diese*r an der Reihe und muss mit den vorhandenen Möglichkeiten den Klang der*des vorherigen Mitlernenden reproduzieren.

Variante:
Es werden Kleingruppen gebildet, die die Aufgabe haben, für jeweils eine*n Mitschüler*in dieser Gruppe ein schönes entspannendes Klangerlebnis zu gestalten. Hier müssen sich alle überlegen, über welchen Wahrnehmungskanal sie die Klangmassage durchführen wollen (akustisch, vibratorisch, mit Wasser oder Luftballon). Nach fünf bis sieben Minuten wird gewechselt und ein*e andere*r Mitschüler*in aus der Gruppe ist an der Reihe.

Das Erleben von Klängen

Die vielfältigen Sinneskanäle, die mit Klangschalen angesprochen werden, und die mit den Klangschalen erzeugten Effekte, erlauben es gerade für ältere Kinder und Jugendliche über ihr eigenes (und unterschiedliches) Erleben beim Hören der Klänge zu sprechen.

Vorgehensweise:
Vier Klangschalen, die sich in vier Ecken des Klassenraumes befinden, werden von vier Schüler*innen angeschlagen. Die Klasse lauscht dem Klangeindruck und soll währenddessen ein Bild malen. Anschließend stellen die Kinder und Jugendlichen ihre Bilder vor und berichten von ihren Gedanken.

Variante:
Die Lehrkraft erzeugt mithilfe von mindestens zwei Klangschalen Töne, die eher einer ruhigen oder lebendigeren Stimmung entsprechen. Die Kinder und Jugendlichen lauschen und fühlen die Klänge. Anschließend tauscht sich die Klasse über ihre Eindrücke aus.

Ähnliche Tipps hier im Buch:
► TIPP #11: Improvisation mit Musik und Bewegung
► TIPP #29: Lieblingslieder rhythmisch untermalen

Methodenvorschlag von: Karoline Hock, Sonderpädagogin an der Rupert-Egenberger-Schule, Höchberg, und gelernte Klangmassagepraktikerin nach Peter Hess.

TIPP #33: Dalli Klick

Von einem Spiel aus der Fernsehshow »Dalli Dalli« mit Hans Rosenthal aus den 1970er und 1980er Jahren hat diese Methoden ihren Namen. Dabei spielen verschiedene Gruppen gegeneinander, um Bilder, die anfangs verdeckt sind und Schritt für Schritt enthüllt werden, möglichst frühzeitig zu erkennen. In der Klasse lässt sich diese Methode einsetzen, um in ein neues Thema einzuführen oder behandeltes Wissen zu wiederholen und zu festigen. Damit alle Kinder am Quiz teilhaben können, geht es bei dem Klassenquiz weniger um das schnelle Erkennen, sondern um Aufgaben, die ein Bezug zum Thema haben und das soziale Miteinander in der Klasse durch Kooperation stärken.

Schulstufe:	Primar-, Sekundarstufe
Materialien:	Bild; Kärtchen zum Abdecken; Magnete oder Reiszwecken; alternativ auch Tageslichtprojektor oder Beamer und PC; ggf. weitere Materialien für Aufgaben
geeignet für:	alle Kinder und Jugendlichen
Dauer:	45 Minuten

Vorgehensweise:

Als Einstieg in ein neues Thema oder zur Reflexion von bereits behandelten Inhalten wird ein Bild ausgewählt, das verdeckt mit acht nummerierten Kärtchen an der Tafel befestigt oder mit Hilfe eines Tageslichtprojektors oder Beamers an die Wand projiziert wird. Wird beispielsweise eine neue Lektüre im Unterricht behandelt, kann das Buchcover als Bild verwendet werden.

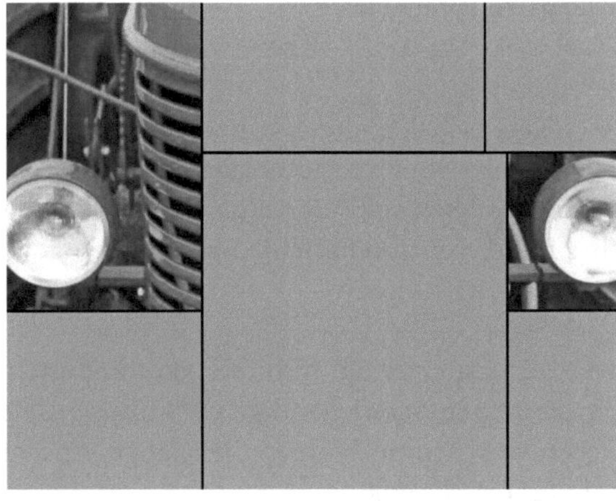

Für jede der acht Karten formuliert die Lehrkraft im Vorfeld Fragen oder Arbeitsaufträge, die die Gruppe gemeinsam lösen muss. Bei einer Einführung in ein neues Thema können Wissensfragen gestellt werden, die sich auf vorhandenes Vorwissen beziehen, oder aber auch kleine Arbeitsaufträge, die beispielsweise eine pantomimische Darstellung eines Begriffs seitens der Gruppe erfordern. Wichtig dabei ist, dass die Aufgaben vielfältig sind und jede*r Schüler*in ihre*seine Kompetenzen einbringen kann. Nach dieser Vorbereitung kann das Spiel in der Klasse beginnen. Zunächst werden je nach Klassengröße mehrere Gruppen von sechs bis acht Schüler*innen gebildet. Die Gruppe bekommt dabei den Auftrag, stets zusammenzuarbeiten und die Aufgabe miteinander zu lösen.

Als erstes wählt die Gruppe, die an der Reihe ist, gemeinsam eine Nummer von einem Kärtchen. Ein*e Sprecher*in der Gruppe, das ist jede Runde eine andere Person, verkündet die Entscheidung.

Die Lehrkraft liest die vorbereiteten Fragen vor und die Gruppe bekommt Zeit, die Frage bzw. die Aufgabe zu lösen. Bei Wissensfragen (z. B. »Was versteht ihr unter dem jeweiligen Begriff?«) muss die Gruppe die Antwort diskutieren, bevor sie von der Sprecherin/vom Sprecher der Gruppe verkündet wird. Bei Fragen zu Vorwissen und Vorerfahrungen (z. B. »Was verbindet ihr mit dem Thema?«) ist es wichtig, dass alle Gruppenmitglieder ihre Erfahrungen nach einem kurzen Austausch in der Gruppe einbringen. Fällt einem Gruppenmitglied nichts ein, müssen die anderen ihr*ihm helfen, da nur so die Aufgabe gelöst werden kann. Auch bei Gruppenaufgaben wie z. B. einem Rollenspiel, einer Pantomime oder einer Darstellung als menschliche Skulptur – hierbei müssen die Beteiligten den Begriff mithilfe ihres Körpers darstellen – ist die gemeinsame Erledigung Bedingung für eine erfolgreiche Bewältigung der Aufgabe.

Wird die Aufgabe korrekt gelöst, kann das entsprechende Kärtchen weggenommen werden. Dieser Vorgang wiederholt sich, bis das gesamte Bild aufgedeckt ist.

Im Sinne des Spiels »Dalli Klick« hat die Gruppe gewonnen, sobald sie das Bild erkannt hat. Die weiteren Fragen entfallen und werden für ein neues Bild aus dem gleichen Themengebiet verwendet. Die andere Gruppe ist nun an der Reihe.

Variante:

Als Aufgabe können auch Kisten verwendet werden, in den sich Materialien befinden und die Grundlage für eine Aufgabe sind. So können auch Fühl- und Tastspiele Gruppenaufgaben im Klassenquiz sein.

Ähnliche Tipps hier im Buch:

► TIPP #11: Improvisation mit Musik und Bewegung
► TIPP #31: Spurensuche

Methodenvorschlag von: Martina Leopoldt und Kristin Seufert, Stephen-Hawking-Schule, Neckargemünd

TIPP #34: Zirkus und Bewegungskünste

Im Bereich der Bewegungskünste besteht die Aufgabe darin, einen Beitrag für eine Aufführung vorzubereiten, in der die Stärken jeder*jedes Schüler*in zur Geltung kommen können. Jede*r probiert sich in ihren*seinen motorischen Fähigkeiten aus und bekommt – gemeinsam mit der Gruppe – einen ganz großen Moment auf der Bühne.

Schulstufe:	Primar- und Sekundarstufe
Materialien:	Sport- und Bewegungsraum; Jonglierbälle, Tücher, Vorhang, Licht, Papier etc.
geeignet für:	alle Kinder und Jugendlichen, mit einem gewissen Maß an Willkürmotorik
Dauer:	mehrere Unterrichtseinheiten à 45 Minuten

Vorgehensweise:

Im Fokus der Bewegungskünste stehen die Geschicklichkeit der Kinder bzw. Jugendlichen und das Ziel, einen gemeinsamen Bewegungsbeitrag zu entwickeln, bei dem jede*r ihre*seine Stärken zur Schau stellen kann.

Zu diesem Zweck findet in einem Sportraum zunächst eine Explorationsphase statt, in dem Turnmatten, Jonglierbälle, Tücher, Kegel, Pedalos und viele weitere Materialien zur Verfügung stehen. Die Schüler*innen haben zunächst die Aufgabe herauszufinden, welche Bewegungsangebote sie am meisten interessieren und welche für sie besonders geeignet sind, ihre Fähigkeiten (auch mit ein bisschen Training) zu zeigen.

Die Lehrkraft steht beratend zur Verfügung und zeigt den Kindern bzw. Jugendlichen, welche Übungen sich mit welchen Materialien machen lassen. Im Rahmen dieser Explorationsphase überlegen die Schüler*innen gemeinsam mit der Lehrkraft, welches der Bewegungsangebote sie vertiefen möchten. Haben sich mehrere Kinder bzw. Jugendlichen zusammengefunden, bilden sich (manchmal auch mit der Hilfe und den Ideen der Lehrkraft) Kleingruppen, die die Aufgaben haben, eine kleine Choreografie zu entwickeln. Beispiele für diese Gruppen sind:

Jonglage

Die Schüler*innen lernen, mit unterschiedlich vielen Gegenständen und Techniken zu jonglieren. Weitere Variationen sind Jonglieren mit gegenseitigem Zuwerfen oder synchrones Jonglieren. Hat ein Kind bzw. ein*e Jugendliche*r Interesse an der Jongliergruppe, aber wenig Interesse selbst zu jonglieren, sucht die Gruppe eine andere Aufgabe für die*den Mitschüler*in, z. B. indem es als Taktgeber mit einer Trommel die Geschwindigkeit vorgibt.

Die Kunst besteht darin, das individuelle Können der Schüler*innen gut in Szene zu setzen. Der Choreographie wird eine tragende Rolle zugeschrieben. Die Jonglage bietet sich sehr gut an, eine spannende Choreographie zu entwerfen, in der verschiedene Schwierigkeitsstufen gezeigt werden können. Ein Beispiel für eine solche Darstellung, könnte wie folgt ablaufen:

Ein*e Schüler*in beginnt mit der Jonglage zweier Gegenstände und fährt während der gesamten Choreographie damit fort. Es schließt sich ein*e weitere*r Schüler*in an, welche*r mit drei Gegenständen jongliert. Während diese beiden weiter jonglieren kommt ein*e dritte*r Schüler*in hinzu, welche*r mit vier Gegenständen jongliert. Diese Choreographie kann so je nach Können der Schüler*innen weiter differenziert werden.

Gemeinsames Bodenturnen und Tanzen

Häufig finden sich auch Kinder bzw. Jugendliche, die Interesse an Balancierübungen oder Turnübungen am Boden haben. Ähnlich wie beim Jonglieren lassen sich hier vielfältige Choreographien entwickeln, bei denen die Kinder bzw. Jugendlichen über Geräte (z.B. Bänke) balancieren, Tänze mit Tüchern vorbereiten oder aus Menschen Pyramiden bauen. Auch Volks- oder Rollstuhltänze können entwickelt und später vorgeführt werden.

Schattenspiel

Das Schattenspiel bietet eine gute Grundlage für die Schüler*innen, gemeinsam eine kreative und fantasievolle Choreographie und Geschichte zu konzipieren. Ein Schattenspiel kann unterschiedlich gestaltet werden. Wesentlich ist jedoch, dass das Spiel hinter einem belichteten Vorhang stattfindet. Als Schatten, die auf den Vorhang projiziert werden, können Hände, Körper oder Figuren (z.B. aus Papier), erstellt und verwendet werden. Anders als beim klassischen Schultheater bietet das Schattentheater durch den Vorhang einen geschützten Rahmen für die Schauspielenden. Gleichzeitig baut der beleuchtete Vorhang eine gewisse Spannung und Atmosphäre auf, welche durch entsprechende Musik verstärkt werden kann.

Diese drei Beispiele sind nur einige wenige der Vielfalt gemeinsamer künstlerischer Aktivitäten, die auch durch andere Tipps hier im Buch (z.B. *TIPP #29: Lieblingslieder rhythmisch untermalen*) ergänzt werden können. Auch lässt sich eine längere Aufführung gestalten, die einen Beitrag zur Öffentlichkeitsarbeit am Tag der offenen Tür darstellen kann.

Ähnliche Tipps hier im Buch:

► TIPP #11: Improvisation mit Musik und Bewegung
► TIPP #29: Lieblingslieder rhythmisch untermalen
► TIPP #38: Wheel-Soccer

*Metho*denvorschlag von: Paul Schötz, ehemaliger Schulleiter des Max-Mannheimer-Gymnasiums, Grafing

TIPP #35: Le Parkour

Mit dem Ziel, das Klassenklima und die sozialen Kompetenzen einer Gruppe von Schüler*innen zu verbessern, wurde für den Sportunterricht ein Parkour entwickelt, den Kinder und Jugendliche mit unterschiedlichen motorischen Kompetenzen bewältigen können. Ziel ist es jeweils, die aufgebauten Hindernisse zu meistern und gemeinsam in der Gruppe einen Weg über das jeweilige Hindernis zu finden.

Schulstufe:	Primar- und Sekundarstufe
erforderlich:	Sporthalle mit unterschiedlichen Geräten und Materialien (z. B. kleine Kästen, große Kästen, Langbank, Bock, Schwebebalken, Reck, Trampolin, Weichbodenmatte, Turnmatten); mehrere Aufsichtspersonen
geeignet für:	alle Kinder und Jugendlichen, die sich selbst (auch mit Hilfsmitteln) fortbewegen können
Dauer:	75–90 Minuten

Vorgehensweise:

Le Parkour ist ein Hindernislauf, bei dem Kleingruppen von Schüler*innen gemeinsam mehrere Hindernisse in der Sporthalle bewältigen müssen, ohne dass der Faktor Zeit eine Rolle spielt. Es geht darum, dass möglichst alle Schüler*innen die Aufgabe erledigen und sich die Gruppenmitglieder gegenseitig helfen und stützen. Die Art, wie ein Hindernis überwunden wird, ist nicht vorgegeben.

Die Auswahl der Aufgaben wird im Vorfeld von der Lehrkraft vorgenommen, z. B. Aufgaben am Reck, Bock, Kasten, an der Sprossenwand, am Trampolin oder einer Matte. Diese können unterschiedlich kombiniert werden und je nach Fähigkeiten können Kunststücke und andere kreative Aufgaben eingebaut werden.

Sind die Übungen ausgewählt, baut die Lehrkraft anfangs die Geräte, die sie für den Parkour vorgesehen hat, auf, sodass die Schüler*innen in der ersten Einheit erst einmal jedes Hindernis im Stationenlauf einzeln kennenlernen können. An den jeweiligen Stationen können die Kinder und Jugendliche frei eigene Bewegungen ausprobieren und am Ende den anderen ihr Lieblingsgerät und ihre Lieblingsbewegung vorturnen. Zu diesem Zeitpunkt muss der Parkour noch nicht fertig zusammengestellt sein.

Vor der zweiten Einheit überlegen die Kinder bzw. Jugendlichen in Kleingruppen in der Klasse, welche Regeln für den Parkour von Bedeutung sein können, damit die Kleingruppe die Aufgabe auch sicher bewältigen kann. Die Überlegungen zu den Regeln werden anschließend den Mitschülern*innen vorgestellt und gemeinsam zu einem Regelwerk zusammengeführt. Regeln zur gegenseitigen Sicherung und zu gemeinschaftlichem Handeln bei der Bewältigung der Aufgabe sollten, wenn sie nicht von den Schüler*innen kommen, durch die Lehrkraft ergänzt werden.

In einer zweiten Stunde wird der Parkour, den die Lehrkraft zuvor aufgebaut hat, vorgestellt. Zu diesem Zweck hat die Lehrkraft beispielsweise einen Bock, eine große Matte und einen Kasten verbunden und die Aufgabe gestellt, dass alle Gruppenmitglieder den Bock und den Kasten überwinden müssen und dabei nur einmal die Matte berühren dürfen, sodass die Schüler*innen sich gegenseitig sichern und helfen müssen, um die Aufgabe zu bewältigen. Dabei kann es erforderlich sein, dass die Mitschüler*innen ein Gruppenmitglied über die Matte tragen müssen, wenn seine Schritte, z. B. aufgrund motorischer Einschränkungen, zu kurz sind.

Nachdem Dreier- oder Fünfergruppen gebildet wurden, werden den Kindern bzw. Jugendlichen zunächst alle Stationen erklärt. Von den erwachsenen Helfer*innen (es empfiehlt sich Kolleg*innen zur Aufsicht und Sicherung miteinzubeziehen) wird ihnen erläutert, wie sie sich gegenseitig sichern können. Wurden alle Stationen vollständig erklärt, kann der Parkour-Durchlauf starten.

Variante:

Der Parkour kann von den Aufgaben vielfältig gestaltet und variiert werden. Auch können die Schüler*innen instruiert werden, zukünftig beim Aufbau einzelner Stationen des Parkours mitzuhelfen. Eigene Ideen zu Erweiterungen und Veränderungen durch die Schüler*innen können aufgenommen werden. In der Praxis hat sich auch bewährt, eine andere Klasse zum Parkour einzuladen, bei dem die erfahrenen Schüler*innen die Neuen unterstützen.

TIPP

Das Grundgerüst von Le Parkour bietet viele Anpassungsmöglichkeiten und kann problemlos um Aufgaben ergänzt werden. Besonders wichtig bei der Aufgabenwahl ist, dass kein Zeit- und Leistungsdruck besteht (es geht nicht um Schönheit und Schnelligkeit der Ausführungen) und jeder seine Kompetenzen einbringen kann. Optimal wäre, wenn die Aufgaben erlauben, dass jede Person mit seinen Kompentenzen für die Bewältigung eine wichtige Rolle spielt – wie dies beispielsweise beim *Tipp #31 Spurensuche* thematisiert wurde.

Ähnliche Tipps hier im Buch:

- TIPP #31: Spurensuche
- TIPP #33: Dalli Klick
- TIPP #34: Zirkus und Bewegungskünste
- TIPP #38: Wheel-Soccer

Methodenvorschlag von: Julia Kittler, Lehrerin an der Schule am Stadtpark, Roth

TIPP #36: Der Orientierungslauf

Eine Form des Ausdauerlaufes für den Freizeit und Sportunterricht ist der Orientierungslauf. Bei diesem geht es darum, dass Kleingruppen nach vorgegebener Zeit gemeinsam verschiedene Ziele auf einem Gelände erreichen, die auf Karten beschrieben sind. Der Orientierungslauf verbindet motorische Anforderungen mit räumlich-wahrnehmungsbezogenen Aufgaben, wobei soziale Kompetenzen und Kooperation unerlässlich sind.

Schulstufe:	Primar- und Sekundarstufe
Materialien:	DIN A3-Papier; vorbereitete (ggf. vereinfachte) Landkarten mit jeweils drei markierten Stationen; verschiedenfarbige Aufkleber für jeden »Posten«; Kontrollkarten aus Pappe
geeignet für:	alle Kinder und Jugendlichen, die sich selbst (auch mit Hilfsmitteln) fortbewegen können
Dauer:	mindestens 45 Minuten

Vorgehensweise:
Im Rahmen einer ersten Unterrichtseinheit wird geklärt, welche Erfahrung die Kinder bzw. Jugendlichen mit dem Kartenlesen und dem Sich-orientieren anhand von Zeichnungen haben. Gegebenenfalls können einfache Zeichnungen des Schulgeländes und/oder des Sportplatzes erstellt und der Umgang mit ihnen geübt werden, wie im Folgenden beschrieben wird. Beherrschen die Schüler*innen diese Kompetenz, kann mit dem Orientierungslauf begonnen werden.

Einführung in das Kartenlesen

Die Schüler*innen der Klasse bekommen zunächst die Aufgabe, ihre Klasse aus der »Vogelperspektive« zu malen und alle wichtigen Bereiche im Klassenzimmer zu zeichnen. Bereits hier können Zweierpaare gebildet werden, die den Umriss der Klasse, die Fenster, Türen, die Tafel und auch die Sitzplätze aller Kinder auf einen DIN-A3-Blatt zeichnen. Zur Vertiefung kann die Lehrkraft anschließend Objekte in der Klasse benennen und die Schüler*innen bitten, diese in die Skizze einzuzeichnen, z. B. »Bitte tragt in eure Skizze das Waschbecken ein!« oder »Wo befindet sich die Ablage für die Deutschhefte?«

In einer zweiten Vorbereitungseinheit bilden die Kinder bzw. Jugendlichen Vierergruppen. Sie haben die Aufgabe, eine Position auf dem Schulhof, in der Sporthalle oder im Erdgeschoss des Schulgebäudes aufzusuchen, die auf einer »Schatzkarte« mit einem Kreuz markiert ist. Zu diesem Zweck hat die Lehrkraft einen Umriss der jeweiligen Schule bzw. des Geländes gezeichnet, die einige markante Punkte aufführt (Tor, Sprunggrube, Eingangstor, Treppe, Sitzbänke etc.). An einer Stelle hat sie mit einem X ein »Schatz« markiert, das einen Ort kennzeichnet, an dem eine Box mit kleinen Klebepunkten versteckt ist. Wenn die Kinder den Schatz gefunden haben, nehmen sie sich einen Klebepunkt und kleben diesen auf eine Pappkarte – dies ist die Kontrollkarte der Gruppe. Anschließend legen sie den Schatz zurück an den Ort, wo sie ihn gefunden haben. Ist die Aufgabe gelöst, kehren die jeweiligen Gruppen zur Lehrkraft zurück, von welcher sie dann eine neue Schatzkarte erhalten. Es empfiehlt sich für die Übung mindestens 10 Schatzkarten vorzubereiten und »Schätze« mit Klebepunkten zu verstecken.

Am Ende der Unterrichtsstunde reflektiert die ganze Klasse gemeinsam, wie es den jeweiligen Gruppen bei der Übung ergangen ist. Wichtig ist dabei auch die Frage, wie sich die Gruppenmitglieder gegenseitig geholfen haben und wie das soziale Miteinander in der Vierergruppe von allen erlebt wurde. Sollte es Schwierigkeiten gegeben haben, z. B. das ein*e Schüler*in sich ausgegrenzt gefühlt hat, können diese angesprochen und mögliche Verbesserungswünsche thematisiert werden. Diese lassen sich von der Lehrkraft sammeln und als zu berücksichtigende Regeln für die folgenden Spiele formuliert werden. Wird auch diese Übung beherrscht, steht einem Orientierungslauf nichts mehr im Wege.

Der Orientierungslauf

Der Orientierungslauf findet je nach Kompetenzen und Alter der Schüler*innen auf dem Gelände der Schule, einem nahegelegenen Stadtpark oder in der Natur, z. B. im Rahmen einer Ferienfreizeit, statt. Zu diesem Zweck wird eine vereinfachte Karte des Geländes erstellt oder ein Stadtplan oder eine Landkarte ausgehändigt auf der drei Positionen markiert sind. Jeweils vier Schüler*innen haben den Auftrag, diese drei Positionen in einer vorgegebenen Zeit (z. B. 10 Minuten – die Zeit sollte die Kinder bzw. Jugendlichen sportlich herausfordern, sodass ein schnelles Fortbewegen erforderlich ist, und die Aufgabe gleichzeitig von allen bewältigt werden kann) aufzusuchen und sich an jeder Station einen Kontrollpunkt (ein Aufkleber der entsprechenden Farbe) auf ihre Kontrollkarte zu heften. Dabei ist neben einem erfolgreichen Einsammeln von Aufklebern wichtig, dass die Teilnehmer*innen sich gemeinsam abstimmen, einigen und sich gegenseitig helfen. Es gilt als Abmachung, dass eine Gruppe nur gemeinsam gewinnen kann.

Anschließend kehren die Kinder bzw. Jugendlichen zur Lehrkraft zurück und bekommen eine neue Landkarte mit weiteren Markierungen. Im Sinne des Wettkampfes gewinnt dabei die Gruppe, die eine vorher definierte Anzahl an Aufgaben am schnellsten bewältigt hat. Am Ende der Einheit, wird wie bei den Vorbereitungsübungen das soziale Miteinander reflektiert, damit die Bedeutsamkeit dieser Dimensionen bewusst ist. Hilfreich können dabei folgende Fragen sein:

- Konnte jedes Gruppenmitglied seine Fähigkeiten einbringen? Wie haben wir das geschafft?
- Wie haben wir uns gegenseitig geholfen?
- Gab es Unstimmigkeiten oder Ärger in den Gruppen? Was war der Grund dafür? Wie haben wir diese bewältigt?

Variante:
Neben der Markierung von Positionen auf der Landkarte können auch Fotos von markanten Punkten oder Objekten ausgehändigt werden, die die Kinder und Jugendlichen suchen oder durch Befragen von Passanten finden sollen. Die Fotos markieren wiederum Stationen, an denen Aufkleber zu finden sind.

TIPP

Der Orientierungslauf kann als Sport- oder Freizeitangebot durchgeführt werden. Steht der sportliche Wettkampf im Fokus, können die Schüler*innen instruiert werden, die Stationen möglichst schnell zu erreichen.
Neben der sportlichen Komponente empfiehlt es sich, auch das soziale Miteinander zu fokussieren, d. h. die Art der Absprache (wie entscheidet die Gruppe, welche Stationen sie in welcher Reihenfolge anläuft) und wie sich gegenseitig geholfen wird. Hier kann die Gruppe ihr Verhalten reflektieren und sich selbst bewerten. Auch kann die Lehrkraft besonderes soziales Verhalten der Gruppe und ihrer Mitglieder herausstellen.
Bei der Zusammenstellung der Gruppen sollte die Lehrkraft darauf achten, dass Teams gebildet werden, in denen in ausgewogener Weise motorische, räumlich-wahrnehmungsbezogene und soziale Kompetenzen vorhanden sind haben. Auf diese Weise unterstützt die Vielfalt der Kompetenzen den Erfolg der Gruppen.
Auch sollte darauf geachtet werden, dass die maximal zur Verfügung stehende Zeit für alle Schüler*innen ausreicht, damit Personen, die sich langsam fortbewegen, keine Ausgrenzung erleben.
Literaturtipp zur Vertiefung: Bayerische Landesstelle für den Schulsport (2013): »Orientierungslauf für die Schule«. Donauwörth, Auer Verlag.

Ähnliche Tipps hier im Buch:

► TIPP #31: Spurensuche
► TIPP #35: Le Parkour

Methodenvorschlag von: Melisa Hoch, Sonderpädagogin am Förderzentrum mit dem Förderschwerpunkt körperliche und motorische Entwicklung in Schonungen

Vernetzungen und Einbezug spezifischer Hilfen

Für Kinder und Jugendliche mit Beeinträchtigung ermöglicht der Einbezug spezifischer heil- und sonderpädagogischer, pflegerischer, therapeutischer oder medizinischer Methoden oder Technologie häufig erst die gleichberechtigte Teilnahme am Unterricht in der Klasse. In diesem Sinne ist die Vernetzung mit Fachkräften, die Kooperationen mit Beratungsstellen, Kolleg*innen aber auch mit Eltern unerlässlich. Im Folgenden sind einige Tipps mit Angeboten, Spielen und Übungen zu diesem Themengebiet benannt und mit Bezug zu den anderen Prinzipien in Tabelle 9 visualisiert.

Tabelle 9: Zuordnung der Tipps der Unterrichtsebene aus dem Bereich der Vernetzungen und dem Einbezug spezifischer Hilfen zu den sechs Prinzipien

	Ressourcenorientierung	**Barrierefreiheit**	**Kompetenz für Vielfalt**	**Zusammenhalt**	**Spezifische Hilfen**	**Erfolgreiches sichtbar machen**
TIPP #37		✓	✓	✓	✓	
TIPP #38	✓		✓	✓	✓	✓
TIPP #39			✓	✓	✓	
TIPP #40		✓			✓	

TIPP #37: Das Geburtstagsbuch

Der eigene Geburtstag ist etwas ganz Besonderes – und die Geburtstagsfeier in der Klasse ebenfalls. In einer Klasse, in der Kinder lernen, die nicht sprachlich kommunizieren können, hilft das Geburtstagsbuch, mit dessen Hilfe über Symbole Wünsche an das Geburtstagskind überbracht werden können.

Schulstufe:	Primarstufe
Materialien:	mit Filz umkleidete DIN-A3-Pappe; Karten mit Metacom-Symbolen
geeignet für:	jüngere Schüler*innen sowie insbesondere für Kinder, die nicht sprachlich kommunizieren können
Dauer:	10 Minuten

HINTERGRUNDWISSEN

Die Methode des Geburtstagsbuchs nutzt Möglichkeiten der Unterstützten Kommunikation. Die Unterstützte Kommunikation (UK) beschreibt eine Sammlung von Hilfestellungen für die zwischenmenschliche Kommunikation. Sie bezieht sich auf Gesten und Gebärden ebenso wie auf Symbole, Bildkärtchen und technische Hilfen (wie z. B. Sprachcomputer).

Die hier beschriebenen Metacom-Symbole (www.metacom-symbole.de) sind weit verbreitet und zeichnen sich durch einfache Bilder zusammen mit Text aus, die miteinander gelernt und im Rahmen der Kommunikation genutzt werden können.

Sprache lebt davon, dass man sie im Alltag in der sozialen Gemeinschaft spricht und erlebt, dass man sich gegenseitig versteht. Entscheidet man sich für eine Symbolsprache, erleichtert es das Leben eines Kindes, wenn es diese in der Schule und auch in anderen Lebenswelten einsetzen kann – sodass eine Kooperation mit den Eltern empfehlenswert ist. Hinsichtlich der Symbole ist weiterhin zu beachten, dass ein System verwendet werden sollte, dass auch später mit elektronischen Sprachhilfen (»Talkern«) eingesetzt werden kann.

Vor diesem Hintergrund ist ein Austausch mit den Kolleg*innen von Förderschulen oder spezialisierten Beratungsstellen (z. B. Forschungs- und Beratungszentrum für Unterstützte Kommunikation der Uni Köln; für eine Übersicht: Gesellschaft für unterstützte Kommunikation e. V.) zu empfehlen.

Vorgehensweise:

Im Rahmen einer Geburtstagsfeier überlegt sich jedes Klassenmitglied, was es dem Geburtstagskind für das neue Jahr wünschen will. Dabei können sich alle Kinder selbst Wünsche überlegen oder sich von Geburtstagsbuch anregen lassen. Das Geburtstagsbuch ist ein mit Filz umhülltes DIN-A4-»Buch«, in dem Metacom-Symbole enthalten sind, die die Lehrkraft zusammengestellt und die viele für die Klassen typische Geburtstagswünsche enthalten. Haben sich alle Kinder

einen Wunsch überlegt, gehen sie auf das Geburtstagskind zu, suchen Blickkontakt, sagen ihren Wunsch und zeigen ihm das Metacom-Symbol.

Variante:
Neben Geburtstagswünschen können Symbolbücher in der Klasse für viele Situationen und Ereignisse erstellt werden. Sie ermöglichen, dass alle Kinder auf einer gemeinsamen Ebene kommunizieren und auch Kinder, die zur Kommunikation auf die Unterstützte Kommunikation (UK) angewiesen sind, sich als Teil einer gemeinsam kommunizierenden Gruppe erfahren.

In einer Klassengemeinschaft, in der Kinder mit einer kognitiven Beeinträchtigung oder Sprachverständnisproblemen unterrichtet werden, können auch Bilder aus Katalogen zur »leichten Sprache« genutzt werden.

Ähnliche Tipps hier im Buch:
▶ TIPP #15: Einfach sprechen! – Gespräche in einfacher Sprache

Methodenvorschlag von: Sabine Willi, Lehrerin an der Fritz-Felsenstein-Schule, Königsbrunn

TIPP #38: Wheel-Soccer

Für Freizeit, Projektwochen oder Sportunterricht eignet sich das Spiel Wheel-Soccer (zu dem Ausleihen oder der Beschaffung von Rollstühlen kann ein inklusiver Sportverein der Region oder der Deutsche Rollstuhlsportverband angefragt werden). Hier bewegen sich alle Kinder und Jugendlichen in einem Rollstuhl und versuchen in zwei Teams, einen großen Gymnastikball über die gegnerische Torlinie zu bewegen und möglichst viele Tore zu machen. Das Spiel macht Kinder, die zur Fortbewegung auf einen Rollstuhl (auch einen elektrischen) angewiesen sind, zu Expert*innen und ihre Mitschüler*innen ohne Rollstuhlerfahrung zu Lernenden, die die Fortbewegung im Rollstuhl selbst erfahren können.

Schulstufe:	Primar- und Sekundarstufe
erforderlich:	Basketball- oder Handballfeld mit Toren sowie markiertem Torbereich (2x2 Meter) und Mittelkreis; ein Gymnastikball mit einem Durchmesser zwischen 50 und 65 cm; 10 Rollstühle
geeignet für:	alle Kinder und Jugendlichen, die ein grundlegendes Regelverständnis besitzen und sich in einem Rollstuhl selbstständig fortbewegen können.
Dauer:	45 Minuten

Vorgehensweise:

Unabhängig vom Alter der Kinder und Jugendlichen werden zwei Teams mit je fünf Spieler*innen gebildet und mit einem Rollstuhl ausgestattet, sodass sich alle in einem Rollstuhl fortbewegen. Dabei ist es egal, ob er über die Armkraft, mit Antriebsunterstützung oder auch vollständig elektrisch angetrieben ist.

Ein*e Schüler*in je Gruppe ist Torhüter*in und passt auf, das der große Gymnastikball nicht über die eigene Torlinie rollt. Das Tor ist eine Linie und wird von einem Torraum der Größe von zwei mal zwei Metern umgeben.

Wie beim Fußballspiel gibt es zwei Halbzeiten – sie dauern beim Wheel-Soccer je 15 Minuten. Es gewinnt die Gruppe, die am meisten Tore geschossen hat. Teamarbeit, gegenseitiges Zuspielen und eine gemeinsame Strategie erhöhen die Chancen auf den Gewinn des Spieles. Folgende besondere Regeln müssen beachtet werden:

- Der Ball darf nur mit einer Hand oder mit dem Rollstuhl geführt werden. Ein Einsatz von Beinen und Füßen ist verboten. Ein Hochheben und Werfen des Balles ebenso. Weitere Regelwidrigkeiten sind das Festhalten der Gegnerin bzw. des Gegners, Tätlichkeiten, heftige Kontakte, Auffahren oder Wegdrängen des gegnerischen Rollstuhls.
- Der Ball darf den Boden nicht verlassen. Es dürfen keine Hochschüsse erfolgen, damit alle Beteiligten gleiche Chancen haben.

- Wie beim Fußball erfolgt der Anstoß und Wiederanstoß nach einem Tor von der Mittellinie, wobei sich die Spielenden in ihren Spielhälften befinden müssen. Beim Anstoß müssen die Gegner*innen den Mittelkreis verlassen.
- Bei Regelwidrigkeiten (Festhalten des Gegners bzw. der Gegnerin, Tätlichkeiten, heftige Kontakte, Auffahren oder Wegdrängen des Rollstuhls) pfeift die*der Schiedsrichter*in die Aktion ab und gewährt einen Freistoß. Bei einem eingeklemmten Ball oder bei einem Ball im Aus rollt diese*r den Ball von der Seite neutral ein, wobei wie beim Freistoß von den Spielenden ein Abstand von fünf Metern zu wahren ist.
- Die Person des Torwarts, sie ist mit einer Kappe oder einem Band gekennzeichnet, befindet sich als einzige im Torraum, der – wie beim Handball – nicht von den Mitspielenden befahren werden darf. Die*Der Torwart*in kann im Torraum deswegen nicht attackiert werden. Der Ball darf bei Schüssen der Torhüterin bzw. des Torhüters erst nach dem Überschreiten der Torlinie angegriffen werden.
- Feldspieler*innen und Torwart*innen dürfen während des Spiels gewechselt werden. Ein Einsatz von Ersatzspieler*innen ist so möglich.

Variante:
Ängstliche Kinder oder Kinder bzw. Jugendliche mit komplexen Einschränkungen können als »Stoppspieler*in« mit einem Band gekennzeichnet werden. Sobald sie den Ball berühren, darf ihnen der Ball nicht weggenommen werden. Der Ball ist in diesem Fall in Sicherheit, sodass das Spiel der Mannschaft in einem hektischen Spiel neu sortiert und aufgebaut werden kann, bis die*der Stoppspieler*in den Ball ihrem*seinem Team zuspielt. Auf diese Weise werden sie ein wichtiger Baustein der Strategie.

Für Kinder und Jugendliche mit Sehbeeinträchtigungen können akustische Signale (Klingeln, Glocken, Zurufe) zur Orientierung genutzt werden.

TIPP

Viele Sportvereine für Menschen mit Behinderung bieten Sportangebote für Menschen mit und ohne Behinderung an. Neben Wheel-Soccer ist auch Rollstuhlbasketball eine Disziplin, bei der Menschen mit und ohne Behinderung gemeinsam Mannschaftssport betreiben. Für die Schule sind hier Kooperationen mit Sportvereinen oder Kolleg*innen von Förderschulen anregend und hilfreich.

Ähnliche Tipps hier im Buch:

- ► TIPP #31: Spurensuche
- ► TIPP #34: Zirkus und Bewegungskünste
- ► TIPP #35: Le Parkour
- ► TIPP #36: Der Orientierungslauf

Methodenvorschlag von: Prof. Dr. Jessica Lilli Köpcke, Dekanin für Gesundheitswissenschaften, Studiengangsleiterin und Professorin für Heilpädagogik an der Medical School Berlin, und Christoph Pisarz, Dozent an der Medical School Berlin und Projektleiter der »Mission Inklusion« beim Verein Pfeffersport e.V., Berlin. Der Berliner Verein Pfeffersport e.V. engagiert sich seit vielen Jahren für den Rollstuhlsport und führt vielfältige Schulprojekte durch. Bundesweit wird jährlich ein Wheel-Soccer-Cup durchgeführt.

TIPP #39: Soziale Medien und digitale Kommunikation

Der Einsatz von sozialen Medien in der Schule ist viel diskutiert. Für Kinder und Jugendliche mit chronischen Krankheiten und Behinderungen können sie im Krankheitsfall die soziale Teilhabe sichern.

Schulstufe:	Primar- und Sekundarstufe
Materialien:	Möglichkeiten der digitalen Kommunikation, z. B. soziale Messenger oder Netzwerke, Videotelefonie etc.
geeignet für:	alle Kinder und Jugendlichen, die digitale Medien benutzen und bedienen können
Dauer	–

Vorgehensweise:

Der folgende Tipp soll vor allem dazu dienen, die Bedeutung der Möglichkeiten der digitalen Kommunikation wahr- und ernst zu nehmen, da sie für alle Kinder und Jugendlichen Hilfestellung bieten, bei längeren Abwesenheiten mit ihren Mitschüler*innen und Lehrkräften in Kontakt zu bleiben.

Neben den informellen Kommunikationsgruppen, z. B. über soziale Messenger, empfiehlt es sich bei längerer Abwesenheit eines Kindes bzw. Jugendlichen zusammen mit der*dem Schüler*in und den Eltern sowie der ganzen Klasse über Kommunikationsmöglichkeiten nachzudenken, damit die betroffene Person auch sozial mit ihren Mitschüler*innen verbunden bleibt und mitbekommt, was in der Klasse »los ist«. Dies kann beispielsweise eine tägliches fünfminütiges Live-Gespräch (synchrone Kommunikation) oder das Versenden einer Klassenbotschaft sein. Auch sind »Liveübertragungen« bestimmter Stunden oder Gespräche in der Klasse (vgl. *TIPP #21: Klassenrat*) empfehlenswert, damit bestehende Verbindungen nicht abbrechen. Auf diese Weise wird die Rückkehr für die abwesende Person erleichtert und alle Schüler*innen der Klasse erleben, dass eine Abwesenheit – auch eine potenzielle von ihnen selbst – nicht bedeutet, dass man an Bedeutung für die Klasse verliert.

Ähnliche Tipps hier im Buch:

- TIPP #21: Klassenrat
- TIPP #22: Hier bin ich zuhause!

TIPP #40: Inklusionsassistenz und Schulbegleitung

Wie auch immer die personenbezogene Unterstützungsleistung heißt – die Namen reichen von Inklusionsassistenz, Integrationshelfer*in, Schulassistenz oder Schulbegleitung –, die Helfer*innen machen für viele Kinder mit Beeinträchtigung den Schulbesuch erst möglich. Folgender Tipp dient dazu, die Wirkungen und Nebenwirkungen der Assistenz vor dem Hintergrund des sozialen Miteinanders zu reflektieren.

Schulstufe:	Primar- und Sekundarstufe
Materialien	–
geeignet für:	alle Kinder und Jugendlichen mit Assistenz
Dauer	–

Vorgehensweise:

Dieser Tipp dient der Reflexion über die beziehungsgestaltende Wirkung der Schulbegleitung und ihren Möglichkeiten, das soziale Miteinander positiv wie negativ auf Grundlage wissenschaftlicher Erkenntnisse zu beeinflussen (z. B. für einen Überblick: Walter-Klose, 2012).

Fragt man Schüler*innen mit Beeinträchtigung, die auf eine Inklusionsassistenz angewiesen sind, wie diese das soziale Miteinander beeinflussen, erhält man vielfältige Rückmeldungen.

Als positive Wirkungen beschreiben Schüler*innen beispielsweise,

- Schulbegleitungen ermöglichen soziale Kontakte und Teilhabe (auch in den Pausen).
- Sie unterstützen individuell (z. B. auch bei Konflikten) auf Bitte des Kindes bzw. Jugendlichen.
- Manchmal sorgte allein die Beliebtheit der Assistent*inen dafür, dass Mitschüler*innen ohne Behinderung mehr Zeit mit ihren Klassenkamerad*innen mit Behinderung verbringen wollten.

Als unerwünschte Nebenwirkungen werden benannt,

- Schulbegleitungen stören die Gespräche und Begegnungen zwischen Gleichaltrigen allein durch die Anwesenheit eines Erwachsenen.
- Schulbegleitung im Unterricht sorgt für dauerhafte Disziplin und die Schüler*innen haben nicht wie ihre Mitschüler*innen die Möglichkeit zwischendurch mit den Nachbar*innen zu schwätzen oder Späße zu machen.
- Die Anwesenheit und Notwendigkeit einer Schulbegleitung macht deutlich, dass das Kind »behindert« ist und unterstützt somit die Sonderstellung des Kindes.
- Lehrkräfte und Mitschüler*innen reden mehr mit der Inklusionsassistenz als mit dem Kind bzw. Jugendlichen.

- Mitschüler*innen waren eifersüchtig, dass eine Person eine Schulbegleitung hatte.

In diesen Fällen verzichteten die Schüler*innen häufig auf die Teilnahme an gemeinsamen Aktivitäten mit ihren Mitschüler*innen.

Vor diesen Überlegungen empfiehlt sich, mit der Person der Schulbegleitung sowie mit der*dem Schüler*in zu besprechen, welche Vor- und Nachteile die unterstützende Hilfe im Hinblick auf das soziale Miteinander hat. Auch kann überlegt werden, wo sich die Schulbegleitung zukünftig heraus- oder zurücknimmt oder Mitschüler*innen unterstützende Aufgaben übernehmen können.

Ähnliche Tipps hier im Buch:

► TIPP #9: Das Klassengespräch
► TIPP #20: Stolpersteine
► TIPP #21: Klassenrat
► TIPP #28: Unsere Klasse

Erfolgreiches soziales Miteinander sichtbar machen

Besteht eine gute Klassengemeinschaft, der die Schüler*innen gerne angehören, reden die Schüler*innen auch mit Freude und über *ihre* Klasse. Vielleicht sind sie sich auch bewusst, dass es ihnen gut gelingt, mit der Vielfalt der Mitschüler*innen umzugehen. Falls es ihnen noch nicht bewusst ist, helfen einige der folgenden Tipps, die in Tabelle 10 im Überblick und in Bezug zu den sechs Prinzipien dargestellt sind.

Tabelle 10: Zuordnung der Tipps der Unterrichtsebene aus dem Bereich »Erfolgreiches soziales Miteinander sichtbar machen« zu den sechs Prinzipien

	Ressourcenorientierung	**Barrierefreiheit**	**Kompetenz für Vielfalt**	**Zusammenhalt**	**Spezifische Hilfen**	**Erfolgreiches sichtbar machen**
TIPP #41	✓		✓	✓		✓
TIPP #42	✓		✓	✓		✓

TIPP #41: Nagelbild

Die Schüler*innen erstellen über einen kreativ-künstlerisch-handwerklichen Weg ein großes Kunstwerk mit Nägeln und Fäden, das nur gemeinsam erstellt werden kann und ein Klassenmotto oder ein Klassenlogo repräsentiert. Damit es fertiggestellt werden kann, muss jedes Kind eine spezielle Aufgabe bei der Erstellung übernehmen.

Schulstufe:	Primar- und Sekundarstufe
Materialien:	eine freie Wand in der Schule/Klasse; ggf. ein großes Holzbrett oder Korkplatten, auf denen das Bild angebracht werden kann (bereits an der Wand befestigt); Hammer in der Anzahl der Schüler*innen); viele Nägel; Schnüre oder Wolle mind. in der Anzahl Schüler*innen; Tageslichtprojektor oder Beamer
geeignet für:	alle Kinder und Jugendlichen
Dauer:	75–90 Minuten (Doppelstunde)

Vorgehensweise:

Nachdem in der Klasse geklärt wurde, welches Klassenmotto oder welches Klassenbild am besten die Gemeinschaft repräsentiert (denkbar sind auch Eigenschaften, Sprichwörter, Bilder), zeichnen die Lehrkraft oder die Schüler*innen mit Bleistift das Bild oder den Schriftzug auf die Holzwand. Sie sollte dabei darauf achten, dass die Buchstaben so hoch gezeichnet sind, dass jedes Kind einen erreichen kann. Hilfreich ist häufig, dieses per Tageslichtprojektor oder mithilfe eines Beamers auf die Wand zu projizieren und dann mit Bleisteift abzumalen.

Im nächsten Schritt wird jedem Kind bzw. Jugendlichen ein bestimmter Ausschnitt oder Buchstabe zugeteilt, für den es bzw. er verantwortlich ist. Innerhalb einer bestimmten Fläche müssen dann mit dem Hammer Nägel im Abstand von ca. drei bis fünf Zentimetern in die Wand geschlagen werden. Hier können – falls erforderlich – seitens der Lehrkraft Punkte vorgezeichnet werden. Die Nägel sollen noch mindestens ca. 1 cm aus der Wand herausschauen.

Sind alle Nägel in der Wand, so wird an einem Nagel der Anfang einer Schnur oder Wolle festgeknotet und von dort aus kreuz und quer um die Nägel gewickelt und zwischen diesen hin und her gespannt (der Faden ist immer unter Spannung zu halten!). Je öfter man an bestimmten Stellen den Faden spannt, desto dunkler werden sie. Jedes Kind sollte ein eigenes Wollknäuel haben, von dem aus es »abwickeln« kann. Am Schluss wird die Schnur wieder an einem Nagel verknotet.

Nach Fertigstellung des Nagelbildes lässt sich das Kunstwerk gemeinsam aus der Ferne betrachten und es kann ein Gespräch über die gemeinsame Arbeit und die Erfahrungen rund um das künstlerische Handeln entstehen.

Variante:

Je nach Fähigkeiten der Kinder und Jugendlichen bieten sich vielfältige Differenzierungsmöglichkeiten, um alle bei der Erstellung miteinzubeziehen. So kann das Kunstwerk in der Größe und Komplexität je nach Gruppe, deren Durchhaltevermögen und Kompetenzen variieren. Auch lassen sich die Nagelgrößen verändern oder Teams bilden, bei dem ein*e Schüler*in die Nagelstelle vorzeichnet, ein*e andere*r hämmert, eine*r die Farbe eines Fadens wählt und ein*e vierte*r den Faden um die Nägel wickelt.

Schüler*innen, die selbst nicht hämmern können oder keine Kraft für das handwerkliche Gestalten haben, können Mitschüler*innen, Assistent*innen oder Lehrkräfte wählen, die für sie hämmern. Auf diese Weise kann die Person die erforderlichen Handlungen für das Kind bzw. die*den Jugendliche*n nach dessen Vorstellungen ausführen. Auch kann die Schülerin bzw. der Schüler lernen, eigene Vorstellungen mithilfe von jemand anderem verwirklichen zu lassen, indem es präzise Angaben übt und so die Aufgaben delegiert.

TIPP

»Kinder dürfen, wenn sie etwas gestalten oder kreieren, häufig nur Produkte in kleinen Dimensionen anfertigen. Ich wollte der Gruppe die Chance geben, ein großes, gemeinsames Kunstwerk zu schaffen, bei dem nicht nur mit den gewöhnlichen Materialien wie z. B. Farbe und Pinsel gearbeitet wird!« (Daniela Demharter)

Ähnliche Tipps hier im Buch:

- TIPP #21: Klassenrat
- TIPP #26: Unsere Klasse
- TIPP #45: Das Kleeblatt – Werte in der Schule leben
- TIPP #46: Der Lebensbaum

Methodenvorschlag von: Daniela Demharter, Sonderschullehrerin an der Ludwig-Guttmann-Schule in der Außenstelle Kronau

TIPP #42: Gemeinsamkeitenkarte

Zu sehen, was die Kinder bzw. Jugendlichen einer Klasse gemeinsam haben, schafft Verbindungen untereinander und löst starre Gruppenbildungen auf. Nach einem Spiel und einer Reflexionsphase werden Gemeinsamkeiten in der Klasse zusammengetragen und visualisiert.

Schulstufe:	Primar- und Sekundarstufe (ab 4. Klasse)
Materialien:	Fotos der Schüler*innen, auf dem das Gesicht ca. drei cm groß abgebildet ist; großes Plakat/Korkplatte; Kleber; Klebestreifen/Nadeln; Fäden in vielen Farben; Moderationskarten
geeignet für:	alle Kinder, die sich zu dem, was ihnen in der Klasse gefällt und was nicht, (mit Hilfsmitteln und personaler Unterstützung) äußern können
Dauer:	45 Minuten

Vorgehensweise:

Das Angebot beginnt mit einer Lockerungs- und Aufwärmübung, die in das Thema einführt. Zu diesem Zweck werden die Schüler*innen gebeten, sich frei in der Klasse (oder in einem großen Raum mit genügend Freifläche) zu Musik zu bewegen. Bleibt die Musik stehen, haben die Kinder bzw. Jugendlichen die Aufgabe, untereinander vier Gemeinsamkeiten herauszufinden. Diese Gemeinsamkeiten können Körpermerkmale, Vorlieben, Erfahrungen, Lieblingstiere usw. sein.

Anschließend kommen alle Kinder bzw. Jugendlichen im Stuhlkreis zusammen und werden gebeten, diese Gemeinsamkeiten zu benennen. Diese schreibt die Lehrkraft mit oder bittet die Schüler*innen, diese selbst aufzuschreiben, wobei die Namen nicht notiert werden müssen.

Im nächsten Schritt sollen die Schüler*innen ihr Foto auf eine Größe von ca. 3x3 Zentimeter ausschneiden, sodass das Gesicht gut erkennbar ist. Die Fotos werden anschließend in gleichen Abständen auf das Plakat geklebt oder mit Nadeln an eine Korkwand geheftet. Nun liest die Lehrkraft die von den Schüler*innen benannten und aufgeschriebenen Gemeinsamkeiten vor, z. B. »Wer von Euch hat als Lieblingstier einen ›Hund‹«?

Die Fotos aller Schüler*innen, die einen Hund als Lieblingstier haben, werden nun mithilfe eines Bindfadens, der an den Nadeln oder mit Klebestreifen an den Fotos befestigt wird, miteinander verbunden. Falls es gewünscht ist, kann eine Legende erstellt werden (Lieblingstier »Hund«: roter Faden). Schritt für Schritt können nun die Gemeinsamkeiten durchgegangen und auf der Karte mit neuen Bindfäden (in anderen Farben) visualisiert werden. Nachher sind alle überrascht, wie viele Gemeinsamkeiten die Kinder und Jugendlichen verbinden.

Variante:
Natürlich kann die Darstellung auch mit neuen Medien am Smartboard oder einer digitalen Präsentation erstellt werden.

Ähnliche Tipps hier im Buch:
- ▶ TIPP #1: Selfies
- ▶ TIPP #27: »Weiterrutschen darf, wer…«
- ▶ TIPP #28: Unsere Klasse

4.3 Perspektive Schule

In diesem Kapitel lassen sich Anregungen und Tipps dazu finden, wie sich das soziale Miteinander in der Schule fördern lässt. Dabei wird der Blick auf schulorganisatorische Angebote und Schulstrukturen ebenso gelegt, wie auf die Schulleitung, die Schulkultur und das allgemeine Leben in der Schule.

Die Zuordnung der Maßnahmen zu den Prinzipien in diesem Abschnitt ist in Tabelle 11 zu sehen. Ähnlich wie in Kapitel 4.1 wird hier auf eine Unterteilung der Tipps in Unterkapitel verzichtet.

Tabelle 11: Zuordnung der Tipps auf Ebene der Schule zu den sechs Prinzipien

	Ressourcenorientierung	Barrierefreiheit	Kompetenz für Vielfalt	Zusammenhalt	Spezifische Hilfen	Erfolgreiches sichtbar machen
TIPP #43	✓		✓	✓		✓
TIPP #44	✓	✓	✓			✓
TIPP #45	✓		✓	✓		✓
TIPP #46		✓	✓	✓		✓
TIPP #47	✓		✓			
TIPP #48			✓	✓	✓	
TIPP #49	✓		✓	✓		✓
TIPP #50		✓			✓	✓

TIPP #43: Schulabschlusskreis vor den Ferien

In einer Veranstaltung am letzten Schultag wird im Rahmen der Zeugnisvergabe auch der Umgang mit der Vielfalt herausgestellt sowie Projekte, die das soziale Miteinander in der Schulkultur lebendig werden lassen. Nach dieser Vorüberlegungen wird deutlich, dass die Vorbereitung des Schulabschlusskreises bereits zum Schuljahresanfang beginnt, wenn die Lehrkäfte sich Projekte überlegen, die sie mit ihren Klassen durchführen möchten. Als Anregungen können die vielen Beispiele hier im Buch gelten – wenn mit Klassen ein Orientierungslauf, ein Theaterstück, ein Mutmachbuch oder ein gemeinsames Lied aufgeführt werden soll. Auch können Projektergebnisse aus Arbeitsgruppen oder aus dem Bereich spezifischer Fächer für den Abschlusskreis angedacht werden.

Schulstufe:	Primar- und Sekundarstufe
Materialien:	Präsentationen zu den Ergebnissen von Arbeitsgruppen und Projekten; in den Projekten erstellte Materialien
geeignet für:	alle Kinder und Jugendlichen
Dauer:	45–90 Minuten (zzgl. Vorbereitungszeit)

Vorgehensweise:

Die Idee einer Versammlung zum Schuljahresabschluss ist prinzipiell nichts Neues. Alle Schüler*innen treffen sich in der Aula, um das Schuljahr gemeinsam zu beenden. Je nach Schulkultur werden organisatorische Dinge besprochen, Zeugnisse überreicht, Personengruppen verabschiedet und Abschlussreden gehalten. Auch werden Aufführungen präsentiert oder gemeinsam Lieder gesungen. Im Zusammenhang mit der Förderung des sozialen Miteinanders wird die Bedeutung der Anerkennung der Vielfalt und von Maßnahmen, die das soziale Miteinander stärken, herausgestellt.

Die konkrete Vorbereitung des Schulabschlusskreises beginnt spätestens in der letzten Lehrer*innenkonferenz vor Schuljahresende, zu der mit der Bitte eingeladen wird, dass jede Lehrkraft Beiträge einzelner Schüler*innen, von Schüler*innengruppen oder Klassenprojekte nennen soll, die die Werte der Schule sowie das soziale Miteinander in der Schule bzw. der Klasse in besonderem Maße widerspiegeln oder vorangebracht haben.

Im Rahmen der Lehrer*innenkonferenz werden die Lehrkräfte gebeten, ihre Vorschläge vorzustellen und zu begründen. Auch soll ein erforderlicher Zeitaufwand und eine mögliche Präsentationsform im Rahmen des Schulabschlusskreises benannt werden (Poster, Aufführung, Auszeichnung im Rahmen des Schulabschlusskreises etc.). Wurden alle Beiträge gesammelt, wird innerhalb der Lehrendenkonferenz ein Ablaufplan erstellt, der in der Länge (für viele Schüler*innen sollte der Abschlusskreis nicht länger als 1,5 Stunden dauern) und in der Zusammenstellung (rhythmisierte und vielfältige Beiträge) für die Schüler*innenschaft geeignet ist.

Am letzten Schultag vor den Ferien kann sich nach dieser Planung die ganze Schule in der Aula für den Schulabschlusskreis zusammenfinden. Unter der Moderation der Schulleitung oder einer Lehrkraft haben die Klassen, Gruppen und Arbeitsgruppen Gelegenheit, Eingeübtes aufzuführen. Auch können die besonderen Leistungen einzelner Gruppen hervorgehoben oder Schüler*innen sowie Lehrkräfte verabschiedet werden. Ein gemeinsames Lied, das vorher in allen Klassen eingeübt wurde und bei dem jeder mit seinen Kompetenzen singend oder rhythmisch gestaltend mitwirken kann, kann als verbindendes Element den Abschluss des Schuljahres bilden.

TIPP

Im Rahmen des Abschlusskreises können häufig nicht alle Beiträge auf einmal gewürdigt werden. Vor diesem Hintergrund wären spezifische Themenstellungen und Variationen über mehrere Schuljahre hinaus auszubalancieren.

Ähnliche Tipps hier im Buch:

► TIPP #23: Wochenabschlusskreis

Methodenvorschlag von: Dr. Renate Menges, Sonderschulpädagogin und Sonderschulkonrektorin in der Fritz-Felsenstein-Schule mit dem Schulprofil Inklusion, Königsbrunn

TIPP #44: Meine Lieblingsorte

Der Vorteil an Smartphones und einfachen digitalen Fotoapparaten ist, dass die Bedienung vielen Kindern und Jugendlichen sehr vertraut ist. Was wäre demnach leichter, als die Schüler*innen zu bitten, Orte oder räumliche Bedingungen zu fotografieren, die aus ihrer Sicht in der Schule Begegnungen ermöglichen oder behindern.

Schulstufe:	Primar- und Sekundarstufe
Materialien:	Smartphones mit Kamera; digitale Kameras
geeignet für:	alle Kinder und Jugendlichen, die eine digitale Kamera (auch am Smartphone) bedienen können
Dauer:	60–90 Minuten

Vorgehensweise:

Am einfachsten lässt sich die Übung beginnen, indem mit der Klasse in den Pausenhof an die Stelle gegangen wird, an der sich viele Schüler*innen aufhalten können und die als möglichst barrierefrei angesehen wird. Die Lehrkraft kann an diesem Ort als nächsten Schritt Bedingungen benennen, die aus ihrer Sicht für soziale Interaktionen förderlich sind, z. B. Schutz vor Regen, die Möglichkeit aller, hier (in Kleingruppen) zu stehen und zu reden. Weitere Ideen der Schüler*innen können erfragt und auch mögliche Barrieren untersucht werden. Sieht jemand in der Klasse Gründe, warum sie*er sich am aktuell gewählten Ort nicht so gerne aufhält? Gibt es Barrieren, die Mitschüler*innen gar vom Besuch des Ortes fernhalten?

Bevor die Schüler*innen gebeten werden, selbst in Kleingruppen das Schulgelände zu untersuchen, kann am besten noch ein zweiter Ort in der Schule aufgesucht werden, z. B. das Spielgelände oder die Tischtennisplatte, der evtl. mehr Barrieren bereithält. Auch hier kann über den Ort sowie Ermöglichungsfaktoren und Barrieren gesprochen werden. So kann nach und nach das Schulgelände bezüglich barrierearmer bzw. barrierereicher Orte analysiert werden.

Anschließend werden Vierergruppen gebildet und jede Gruppe erhält den Auftrag

1. Orte auf dem Schulgelände zu fotografieren, an denen sie sich gerne aufhalten.
2. Orte, an denen sie sich nicht gerne aufhalten.
3. Weiterhin sollen Bedingungen fotografiert werden, die für sie oder ihre Mitschüler*innen dazu beitragen, dass Begegnungen an den jeweiligen Orten stattfinden können
4. bzw. diese behindern oder erschweren. Vielleicht machen sie auch ein soziales Miteinander unmöglich?

Nach dieser Fotosafari kommen die Schüler*innen zusammen und berichten von ihren Erfahrungen. Anschließend ist es notwendig, die Fotos auszuwerten. Zu diesem Zweck werden alle Fotos ausgedruckt und die Vierergruppen bekommen die Aufgabe eine Collage (oder Präsentation) zu erstellen, in der fördernde Bedingungen und Barrieren deutlich werden.

Variation:
Bei der Reflexion der Orte lässt sich sicherlich feststellen, dass es unterschiedliche Meinungen zu den Orten gibt, z. B., dass diese vom einen Teil der Schüler*innen als Barriere, vom anderen Teil aber so nicht empfunden werden. In einem weiteren Reflexionsschritt könnten die Schüler*innen überlegen, wie mit diesen Unterschieden grundsätzlich umgegangen werden kann.

Ähnliche Tipps hier im Buch:

► TIPP #14: Die Schule mit verbundenen Augen erkunden
► TIPP #46: Der Lebensbaum

TIPP #45: Das Kleeblatt – Werte in der Schule leben

Das Leben einer Haltung, die von einem respektvollen Umgang miteinander geprägt ist, stellt die Grundlage für ein gelingendes soziales Miteinander dar. Im täglichen Umgang zwischen den Mitgliedern der Schulfamilie drücken sich (oftmals auch unbewusst) Haltungen, Werte und Menschenbilder aus, die eine Schule prägen. Vor diesem Hintergrund ist der bewusste und reflektierte Umgang mit Werten, die sich auf das soziale Miteinander beziehen und gleichzeitig den Wert jedes einzelnen Menschen herausstellen, eine wesentliche Grundlage für gelingenden Umgang in Klassen mit einer heterogenen Schüler*innenschaft.

Schulstufe:	Primar- und Sekundarstufe
Materialien:	Papier mit vier zentralen Werten, die kurz und knapp formuliert sind und die die grundlegende Haltung der Schule bzw. Klasse spiegeln; ein Hausaufgabenheft pro Schüler*in; vier Glasbehälter; vier Muggelsteine je Schüler*in
geeignet für:	alle Kinder und Jugendlichen
Dauer:	60–90 Minuten

Vorgehensweise:

Bevor dieser Tipp umgesetzt wird, ist es wichtig zu reflektieren, welche Werte, Haltungen, Prinzipien an der eigenen Schule grundsätzlich wichtig sind und dort gelebt werden (sollen), wie es das Praxisbeispiel im Folgenden darstellt. Diese können auch gut im Rahmen eines Leitbildprozesses, in dem alle Akteur*innen der Schule inklusive Eltern einbezogen wurden, entwickelt werden.

BEISPIEL

»In unserer Mittelschule Dietenhofen besteht ein sehr wertschätzendes und respektvolles Miteinander. Lehrkräfte, Eltern, Schüler*innen sowie nichtlehrendes Personal werden jeweils als Person wahr- und mit ihren Anliegen ernst genommen. Der Umgang miteinander ist rücksichtsvoll und wohlwollend. Das Gemeinschaftsgefühl wird intensiv gepflegt und besondere Momente innerhalb der Schulfamilie (Begrüßungen, Verabschiedungen, Geburtstage) werden bewusst begangen. Die Achtung der persönlichen Umstände von Lehrkräften, aber auch denen der Schüler*innen, ist uns wichtig. Bei der Gestaltung des Stundenplanes und der Verteilung der Aufgaben für die Ämterliste werden individuelle Wünsche, Fähigkeiten und Interessen weitestgehend berücksichtigt.

Viele Feste und Veranstaltungen (z.B. Abschlussfest, Sommerfest, Weihnachtsfeier) beziehen alle Mitglieder der Schulgemeinschaft ein und stärken das Zusammengehörigkeitsgefühl. Verabschiedungsfeiern von Schüler*innen werden von allen gemeinsam gestaltet. Vor Ferien gibt es jeweils eine schulhausweite Ferieneinstimmung. Unterrichtsgänge und Ausflüge stärken auf Klassenebene das Zusammengehörigkeitsgefühl.

Im Rahmen von Projekttagen (z. B. Gesundheitswoche) fördert die Mittelschule Dietenhofen übergreifende Gemeinsamkeit. Auch im Kollegium herrscht ein angenehmes Arbeitsklima. So werden neue Kolleg*innen beispielsweise offen aufgenommen und schnell ins Kollegium integriert. Durch den jährlichen Lehrerausflug wird auch der Kontakt zu ehemaligen Mitarbeiter*innen gehalten.
So hat sich das gesamte Personal der Mittelschule zur Aufgabe gemacht, durch das tägliche Vorleben dieses Miteinander zu fördern und zu fordern.« (Ruth Heß)

Ausgangspunkt: Die Werte des Zusammenlebens im Alltag

Im nächsten Schritt ist es wichtig, gemeinsame Begriffe zu finden, die diese Werte, Haltungen, Prinzipien beschreiben, und die für alle Akteur*innen gut verstehbar sind. Es empfiehlt sich, möglichst einfache Begriffe zu verwenden, z. B. freundlich, friedlich, langsam, leise (Beispiel der Mittelschule Dietenhofen). Das charmante an vier Werten ist, dass die Schule sie anschließend leicht als Form eines Kleeblatts visualisieren und diese so auf vielfältige Weise präsent gehalten werden (z. B. auf Heften, auf einem Blumentopf in der Klasse, bei Festen). Die Reduktion auf wenige Worte soll zu Eigenaktivität und -interpretation anregen.

Das Kleeblattmotiv und die damit verbunden Werte werden zum Gegenstand des Unterrichts. Zu Beginn des Schuljahres erhalten oder bemalen die Schüler*innen selbst ein Hausaufgabenheft, auf dem das Kleeblatt mit den vier Begriffen als Titelbild zu finden ist. In den folgenden Stunden werden die Werte in verschiedenen Unterrichtsgesprächen reflektiert und mit den bestehenden Vorstellungen der Schüler*innen aus der Klasse zum Zusammenleben abgestimmt. Es wird gemeinsam erarbeitet, wie sich die Werte im täglichen Miteinander zeigen können. Anschließend werden auf der Grundlage der vier »Kleeblattwerte« gemeinsame Klassenregeln aufgestellt und schriftlich auf einem Plakat festgehalten. Dieses wird im Klassenzimmer gut sichtbar aufgehängt.

Nach einigen Wochen erfolgt eine Reflexionseinheit zu den »Kleeblatt-Regeln«. Dazu erhalten die Schüler*innen die Aufgabe, zunächst selbst einzuschätzen, welche Regeln sie bereits gut umsetzen und welche noch ausbaufähig sind. Anschließend findet ein Klassengespräch statt, bei welchem zunächst vier Gläser in die Mitte gestellt werden, die mit den Begriffen der Werte (hier im Beispiel »freundlich«, »friedlich«, »langsam« und »leise«) beschriftet sind. Jede*r Schüler*in nimmt sich vier Muggelsteine. Die Kinder/Jugendlichen haben die Aufgabe, in diejenigen Gläser einen Muggelstein zu werfen, von denen sie der Meinung sind, dass diese Regel bereits in der Klasse von ihnen und den Mitlernenden gut umgesetzt wird. Diese Methode verbildlicht, an welche Regeln die Klasse sich bereits gut hält und in welchen Bereichen innerhalb der Klasse noch Handlungsbedarf besteht. Gegebenenfalls ist es erforderlich, eine Regel anzupassen. So entsteht ein Regelwerk, das für das Handeln der Schüler*innen im gesamten Schulalltag als Richtschnur gelten kann.

TIPP

Im Kontext schulischer Inklusion wird die Bedeutung grundlegender Werte in vielfältiger Hinsicht thematisiert. Sie werden als wesentliche Gelingensbedingung schulischer Inklusion angeführt (z. B. Lelgemann, Lübbeke, Singer & Walter-Klose, 2012) oder beispielsweise bei der Arbeit mit dem Index für Inklusion (Boban & Hinz, 2003; Booth & Ainscow, 2019) mit der Schulfamilie reflektiert. Auch in Leitbildprozessen wird die Bedeutung grundlegender Werte, die als Orientierung und Richtlinie für den Alltag gelten, herausgestellt. All diese Verfahren und Impulse können für die eigene Arbeit an der Schule mit grundlegenden Werten als Hilfestellung dienen. Zentral ist stets, dass alle Beteiligten bei einem Wertfindungsprozess einbezogen sind und die erarbeiteten Werte in ihrer Akzeptanz kontinuierlich überprüft werden.

Ähnliche Tipps hier im Buch:

- TIPP #21: Klassenrat
- TIPP #24: Eine gute Lösung
- TIPP #28: Unsere Klasse
- TIPP #41: Nagelbild
- TIPP #44: Meine Lieblingsorte

Methodenvorschlag von: Ruth Heß, Rektorin der Mittelschule Dietenhofen

TIPP #46: Der Lebensbaum

Um sich die grundlegenden Werte und sozialen Regeln, die in einer Schule bestehen, bewusst zu machen, mit Leben zu füllen und in der Schule präsent zu machen, bekommen die Schüler*innen die Aufgabe, ein Foto davon zu schießen, was für sie in der Schule die Werte der Schule repräsentiert. Was auf dem Foto dargestellt ist, bleibt den Kindern und Jugendlichen überlassen. Später werden die Fotos an einen vorbereitetes, in der Schule gut sichtbares Plakat, auf dem ein Baum abgebildet ist, geheftet.

Schulstufe:	Primar- und Sekundarstufe
Materialien:	Plakat mit einem großen Baum, das an einer Wand in der Schule gut sichtbar für alle befestigt ist; Digitalkamera bzw. Smartphone mit Fotofunktion; Drucker; Kleber/Klebestreifen
geeignet für:	alle Kinder und Jugendlichen
Dauer:	60–90 Minuten

Vorgehensweise:

Im Rahmen einer Unterrichtseinheit, die sich mit der Frage beschäftigt, wie die Schüler*innen in der Klasse leben und lernen wollen (s. auch *TIPP #28: Unsere Klasse*), bekommt eine Kleingruppe von zwei bis vier Kindern bzw. Jugendlichen die Aufgabe, mindestens ein Foto zu machen, das einen Wert, eine Regel oder ein Prinzip ausdrückt, das der Kleingruppe für das gemeinsame Leben in der Schule wichtig ist. Ist den Schüler*innen beispielsweise ein »freundlicher Umgang miteinander« besonders wichtig, können sie hierzu mithilfe verschiedener Materialien (Emojis, Tafeln, Papier) etwas basteln oder Orte in der Schule fotografieren bzw. abmalen, in denen dieser freundliche Umgang aus ihrer Sicht besonders gelebt wird. Auch können sie den Wert szenisch darstellen und ihren Beitrag fotografieren. Der Kreativität sind hier keine Grenzen gesetzt. Haben alle Kleingruppen ein oder auch mehrere Foto(s) gemacht, werden diese ausgedruckt und auf den Lebensbaum der Schule geheftet.

Ähnliche Tipps hier im Buch:

- ► TIPP #28: Unsere Klasse
- ► TIPP #44: Meine Lieblingsorte
- ► TIPP #45: Das Kleeblatt – Werte in der Schule leben

Methodenvorschlag von: Barbara Wolf, im Rahmen ihres Lehramtsstudiums und Praktikums an der Fritz-Felsenstein-Schule (Königsbrunn) auf einer Klassenfahrt nach Barcelona gesehen.

TIPP #47: Erfolgreich starten: Der Wechsel in die Grundschule

Der Übertritt vom Kindergarten in die Schule stellt für die Kinder und ihre Familien eine grundlegende Veränderung und Herausforderung dar. Vor diesem Hintergrund sollte der Übergang – auch von der zukünftigen Schule – gut vorbereitet und begleitet werden. Durch z. B. Kennenlerntage mit einem Pat*innensystem kurz vor den Sommerferien können den Kindergartenkindern eventuelle Ängste genommen und deren Fragen beantwortet werden. Dadurch können die Kinder erste Erfahrungen in ihrer zukünftigen Lernumgebung machen und sich die Familien besser auf den Wechsel einstellen und vorbereiten.

Schulstufe:	Primarstufe
erforderlich:	vier Besuchstage mit identischem Programm für alle Kindergartenkinder; enger Kontakt zu den umliegenden Kindergärten, Kooperation zur Planung und Organisation miteinander
geeignet für:	alle angehenden Schüler*innen; Kindern mit Unterstützungsbedarf sollten – falls erforderlich – begleitet werden
Dauer:	vier Besuchstage

Vorgehensweise:

Gute zwei Monate vor den Sommerferien kommen die dann angehenden Erstklässler vier Mal in die Schule zu Besuch: An drei Tagen nehmen sie vormittags am Unterricht teil und an einem Tag lernen sie ein Freizeitangebot der Nachmittagsbetreuung kennen. Diese Kennenlerntage werden von der Schulleitung organisiert und terminiert. Die Gruppenzusammensetzung ist in den Besuchszeiten so, wie die Erstklässler*innen sie auch nach den Sommerferien in ihren Eingangsklassen vorfinden werden.

In den jeweiligen Klassen, die besucht werden – es empfiehlt sich die dritte Jahrgangsstufe – werden von der Klassenlehrkraft Patenkinder festgelegt, die die Besucher*innen den gesamten Schultag begleiten. Die Schulneulinge und Pat*innen treffen sich neben dem Unterricht auch in der Pause auf dem Schulhof. Fragen können auf diese Weise direkt geklärt und erste Informationen zum Schulablauf gegeben werden. Die älteren Kinder begleiten die Erstklässler*innen in die Pausen, zeigen ihnen das Schulgelände, erklären ihnen Abläufe, spielen und lernen gemeinsam, sodass sich die jüngeren Kinder schnell in der Schule heimisch fühlen können. Von diesem System profitieren aber nicht nur die neuen Erstklässler*innen, denn auch die Paten*innen erwerben und benötigen soziale Kompetenzen für die Begleitung. Durch das Patensystem entsteht ein Wir-Gefühl in der Schulklasse, das bei allen Kindern eine starke Identifikation mit der eigenen Gruppe hervorruft.

Der Ablauf sollte für alle Schulneulinge gleich sein wie auch die besprochenen Inhalte für alle möglichst identisch sein sollten, damit die Kinder einer Kita im Anschluss die Möglichkeit haben, sich auszutauschen und ihre Erlebnisse miteinander zu teilen. Auch beim Nachmittagsbesuch der Freizeitbetreuung sollte es ein Freizeitangebot, das für alle Beteiligten gleich sein sollte, geben. Auch hier sollten die Pat*innen anwesend sein, um die angehenden Erstklässler*innen begleiten und unterstützen zu können.

TIPP

Wissend, dass für alle Kinder und Eltern der Übergang vom Kindergarten in die Grundschule eine besondere Herausforderung darstellt, finden in den letzten Jahren zunehmend Kooperationen zwischen beiden Bildungseinrichtungen statt, bei denen die Kinder sich gegenseitig besuchen und kennenlernen. Neben diesen kindbezogenen Kooperationen ist auch die Zusammenarbeit auf Fachkraftebene wichtig, bei denen neben einem allgemeinen Informationsaustausch auch gemeinsame Fortbildungen besucht oder besondere Unterstützungsbedürfnisse der Kinder besprochen werden können. Bei Letzterem ist auch der Einbezug der Eltern zu empfehlen. So kann sich die Schule bereits im Vorfeld optimal auf die Unterstützungsbedürfnisse, z. B. von Kindern mit besonderem Förderbedarf, einstellen.
Im Rahmen einer Fortbildung mit Fachkräften aus Schule und Kindergarten wurden folgende weitere Ideen gesammelt, die den Übergang erleichtern können:

Kooperation auf Ebene der Kinder
- Besuch einer Schulsportstunde
- Schulkinder besuchen Kindergartenkinder und lesen ihnen aus einem Buch vor
- Kindergartenkinder besuchen Veranstaltungen in der Schule
- gemeinsam Pausen gestalten und verbringen (bei räumlicher Nähe)
- gemeinsam frühstücken

Kooperation auf der Ebene der Fachkräfte
- fachlicher Austausch über Methoden
- gemeinsame Fallbesprechungen
- detaillierter Informationsaustausch über die Kinder (mit Einverständnis der Eltern)
- sich als Lehrkraft früh in die Situation eines Kindes mit Behinderung einfühlen
- Hospitationen der Lehrkraft im Kindergarten (insbesondere Kinder mit Unterstützungsbedarf im Alltag kennenlernen)

Ähnliche Tipps hier im Buch:

► TIPP #19: Ein gemeinsamer Elternabend

Methodenvorschlag von: Sandra van de Gey, Konrektorin der Kettelerschule Bonn.

TIPP #48: Soziales Miteinander in Pausen

Pausen eignen sich in besonderem Maße für Interaktionen zwischen den Schüler*innen. Vor diesem Hintergrund ist es sinnvoll, Pausenaktivitäten zum Gegenstand des Unterrichts zu machen und – gemeinsam mit den Kindern und Jugendlichen – Begegnungsmöglichkeiten zu reflektieren und zu gestalten.

Schulstufe:	Primar- und Sekundarstufe
Materialien:	Gong; Uhr; Plakat
geeignet für:	alle Kinder und Jugendlichen
Dauer:	45 Minuten

Vorgehensweise:
Die einfachste Einführung in das Thema ist die Unterrichtsstunde mit einer 20-minütigen Pause zu beginnen und die Schüler*innen diese eigenaktiv gestalten zu lassen. Nach den 20 Minuten lässt die Lehrkraft einen Gong ertönen und fordert die Schüler*innen auf, in den Sitzkreis zu kommen und sich zu folgende Fragen, die an der Tafel stehen, mit ihrer Nachbarin bzw. Nachbarn auszutauschen:

1. Was habe ich in der Pause gemacht?
2. Mit wem war ich zusammen? War ich alleine?
3. Wie ging es mir in der Pause? Habe ich mich wohl gefühlt?
4. Wie ging es meinen Mitschüler*innen? Hat sich jemand heute möglicherweise ausgeschlossen oder einsam gefühlt?
5. Falls ja, was könnten wir tun, um unsere Klassengemeinschaft zu stärken?

Nach dieser Partnerarbeit werden die Themen in der Klasse angesprochen. Die Antworten der Frage 5 werden ggf. auf ein Plakat geschrieben und im Klassenzimmer aufgehängt, falls nach der Beantwortung der Fragen 3 und 4 ein Veränderungsbedarf notwendig scheint. So werden und bleiben die Möglichkeiten allen Klassenmitgliedern präsent. Sollte eine Person sich ausgeschlossen oder einsam fühlen bzw. wird dies vermutet, sucht die Lehrkraft bis zum nächsten Termin das Gespräch mit der jeweiligen Person.

Werden Schüler*innen mit Beeinträchtigung, die auf Assistenz angewiesen sind, bisher noch zu wenig in die gemeinsame Pausenzeit integriert, kann bis zur nächsten Unterrichtseinheit geklärt werden, ob die Assistenz oder Mitschüler*innen in der Pause unterstützend zur Seite stehen können.

TIPP

Kinder mit chronischen Krankheiten oder Behinderungen benötigen häufig aufgrund von vermehrten Konzentrationsbemühungen oder anderen Belastungen mehr Erholungszeiten als ihre Mitschüler*innen. Gleichzeitig kann aufgrund eines fragilen Gesundheitszustandes die übliche Teilnahme eines Kindes an der Pause nicht zu empfehlen sein. In diesem Fall erfordert es von der Klassenleitung besondere Sensibilität und kompensatorische Bemühungen, dass diese*r Schüler*in ein wichtiger Teil der Klasse bleibt.
Besonders im Winter, wenn das Ankleiden von Kindern und Jugendlichen, die beispielsweise einen Rollstuhl zur Fortbewegung nutzen, länger dauern kann und Unterstützung erfordert oder der Pausenhof wegen des Schnees nicht barrierefrei ist, kommt es immer wieder vor, dass als »gute Lösung« empfohlen wird, dass die Schülerin bzw. der Schüler in der Pause (alleine oder mit einer Begleitperson) im Klassenraum bleibt. Diese ausgrenzende Situation sollte möglichst vermieden werden und nur die Ausnahme darstellen.

Ähnliche Tipps hier im Buch:

► TIPP #16: Behindern
► TIPP #23: Wochenabschlusskreis
► TIPP #24: Eine gute Lösung

TIPP #49: Starschnitt

Eine einfache Methode, die Vielfalt einer Schule zu präsentieren, sind Ganzkörperbilder. Die Schüler*innen gestalten lebensgroße Körperbilder mit allem, was sie an sich mögen.

Schulstufe:	Primar- und Sekundarstufe (ab 3. Klasse)
Materialien:	Flipchart-Papier; Reflexionsübungen zur Findung der eigenen Identiät, z. B. aus *TIPP #7 Mutmachbuch* in diesem Buch; Bilderbuch »Das kleine Ich bin ich« von Mira Lobe/Jungbrunnen (bis 7 Jahre); Mitmachbuch »Ich so du so. Alles super normal« von Atelier Laborgemeinschaft/Beltz & Gelberg (ab ca. 8–9 Jahre); Moderationskärtchen
geeignet für:	alle Kinder und Jugendliche
Dauer:	3 Unterrichtseinheiten à 45 Minuten

Vorgehensweise:

Ganzkörperbilder oder aus mehreren großen Papieren zusammengeklebte, lebensgroße Bilder von Menschen, die durch Jugendzeitschriften als »Starschnitt« bekannt sind, sind das Ziel der folgenden Unterrichtseinheiten, die aus einem Reflexions- und Kreativteil bestehen.

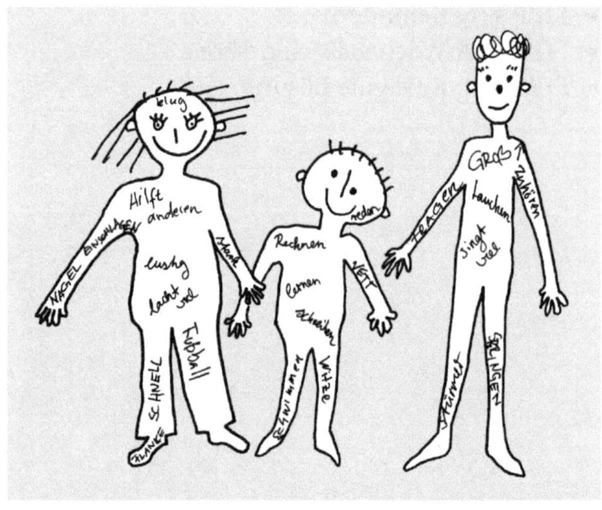

In der ersten Unterrichtseinheit geht es darum, den eigenen Körper auf einem großen Papier mit einem Stift zu umranden. Zu diesem Zweck bekommt jedes Kind bzw. jeder Jugendliche ein Papier in Körpergröße bzw. klebt Papiere aus mehreren Einzelpapieren zu dieser Größe zusammen. Anschließend legt sich die Person auf das Papier, sodass eine Mitschülerin, ein Mitschüler die Körperkontur umranden kann. Jede Person schreibt danach ihren Vornamen neben ihrem Ganzkörperbild.

Im nächsten Schritt beginnt der Reflexionsteil. Eingeführt werden kann dieser mit einzelnen Übungen/Impulsen, wie sie z. B. in *TIPP #7: Das Mutmachbuch* benannt sind. Auch können Bücher genutzt werden, die sich mit dem Thema der Identität beschäftigen. Denkbar wäre beispielsweise für jüngere Grundschulkinder das Bilderbuch »Das kleine Ich bin ich« von Mira Lobe. Für ältere Kinder bzw.

Jugendliche lassen sich Anregungen zur Einführung in dem Mitmachbuch der Labor Ateliergemeinschaft »Ich so du so. Alles super normal« finden. Anschließend werden die Kinder gebeten darüber nachzudenken, was sie als Person ausmacht und was sie gut können. Diese Merkmale schreiben die Schüler*innen auf Moderationskärtchen (pro Eigenschaft eine Karte) und legen sie anschließend verdeckt zur Seite. So bleiben die eigenen Gedanken bis zur nächsten Unterrichtseinheit erhalten.

In der zweiten Unterrichtsstunde werden die Schüler*innen gebeten, sich die Ganzkörperbilder ihrer Klassenkamerad*innen anzuschauen. Jedes Kind, jede*r Jugendliche soll dann etwa drei Merkmale, die ihm einfallen und die ihre*n Mitschüler*in einzigartig und besonders machen, wieder auf Moderationskarten schreiben und diese schließlich in die Körperdarstellung der Mitschüler*innen legen. Haben alle sich alle Bilder ihrer Mitschüler*innen angeschaut, geht jede Person zurück zu ihrem Bild und versucht, die Karten der Mitschüler*innen auf dem Körperbild zu sortieren und zu verteilen. So kann z. B. das »schnelle Denken« dem Kopf und das »hohe Springen« den Beinen zugeordnet werden. Diese Aufgabe dient dazu, die Rückmeldungen der Mitschüler*innen zu lesen und sich mit ihnen auseinanderzusetzen. Am Ende (ggf. als Hausaufgabe) soll sich jedes Kind bzw. jede*r Jugendliche*r Gedanken machen, wie das eigene Bild gestaltet werden soll. Dabei wäre die Verwendung von Zeitschriftausschnitten im Sinne von Collagen ebenso denkbar wie ein farbiges Ausmalen mit Acrylfarbe. Auch können Inhalte in den Körper geschrieben werden.

In der dritten Unterrichtsstunde zum Thema werden die eigenen Bilder gestaltet. In den mit Acrylfarbe ausgemalten Körper können die eigenen Karteikarten sowie die Moderationskarten der Mitschüler*innen nun ausgeschnitten und eingeklebt oder abgeschrieben werden. Karten, die man nicht mag, können weggelassen werden. Auf diese Weise entsteht ein vielfältiges Bild jeder Person.

Anschließend können die Körperbilder in der Klasse bzw. Schule ausgestellt werden, sodass die Ressourcenvielfalt der Schüler*innen der Klasse in der ganzen Schule sichtbar ist. Falls sich die ganze Schule an dieser Aktion beteiligt, können die Bilder auch am Tag der offenen Tür auf dem Sportplatz aus- oder an Schulfassade aufgehängt werden.

Ähnliche Tipps hier im Buch:

▸ TIPP #1: Selfies
▸ TIPP #39: Nagelbild
▸ TIPP #40: Gemeinsamkeitenkarte

TIPP #50: Basar der unterstützenden Dienste

Die Vielfalt an unterstützenden Dienstleister*innen und Technologien an einem Tag im Schuljahr erlebbar und sichtbar zu machen, ist Ziel des »Basars der Unterstützer*innen«. An diesem Tag können Ideen, z. B. für eine neue Organisation des Schulalltages, gesammelt, Kooperationen aufgebaut und neue Technologien und Methoden kennengelernt werden.

Schulstufe:	Primar- und Sekundarstufe
erforderlich:	großer Raum (z. B. Sporthalle, Aula, Schulhof); Koordination mit anderen Schulterminen, z. B. Tag der offenen Tür, Elternsprechtag etc.
geeignet für:	alle Kinder und Jugendlichen
Dauer:	ein Schultag

Vorgehensweise:

In Kombination mit einem Tag der offenen Tür oder einem Elternsprechtag kann ein Basar der Unterstützer*innen und spezialisierten Dienste organisiert werden. Zu diesem Tag werden alle Kooperationspartner*innen eingeladen, die die Schüler*innen im Schulalltag mit ihren pädagogischen, pflegerischen, therapeutischen Angeboten unterstützen, um über die Angebote zu informieren, Austausch zu ermöglichen und mit den Schüler*innen und Eltern in Kontakt zu kommen. Auch können benachbarte Schulen oder Kooperationsschulen zu diesem Basar eingeladen werden. Folgende Kooperationsdienste können als Beispiele dienen:

- inklusionspädagogische Angebote und Inklusionsberatungsstellen
- sonderpädagogische Beratungsangebote und Dienste
- Schulpsychologische Dienste
- Inklusionsassistenz
- Fahrdienste
- Ambulante Pflegedienste
- therapeutische Angebote (z. B. Physiotherapie, Ergotherapie, Logopädie)
- Sozialpädiatrische Zentren
- Autismuskompetenzzentren
- Erziehungs- und Familienberatungsstellen
- Technikanbieter (z. B. Smarthome-Lösungen; Kommunikationshilfen, Optische Hilfen und Linsen; Hörhilfen)
- Sanitätshäuser zum Ausleihen für Alltagshilfen oder orthopädische Hilfsmittel (Gehhilfen, Rollstühle)

Die Liste ist sicherlich nicht vollständig und muss je nach Schule und Region ergänzt werden. Am besten eignen sich dazu eine Abfrage der Lehrenden im Rahmen einer Lehrer*innenkonferenz sowie eine Nachfrage bei den Eltern.

Neben den externen Kooperationspartner*innen können auch eigene Angebote der Schule (z. B. inklusionspädagogische Maßnahmen und Projekte vorgestellt werden), sodass gemeinsame Anregungen und Vernetzungen möglich werden. Es empfiehlt sich, die Angebote so zu gestalten, dass die Besucher*innen die Angebote ausprobieren, erleben oder sehen können.

5 Abschließende Worte

In Schule und Gesellschaft finden kontinuierlich soziale Begegnungen statt, in denen Beziehungen gestaltet und das soziale Miteinander beeinflusst werden. Offenheit, Neugierde und Freude wirken dabei ebenso wie Unsicherheiten, Ängste und Verschlossenheit, denn, wie Paul Watzlawick sagte: »Man kann nicht nicht kommunizieren«!

Im Kontext Schule ist die soziale Dimension des Lernens in besonderem Maße wichtig: Einerseits ist das Treffen von Mitschüler*innen und das Finden von Freund*innen für viele Kinder und Jugendliche einer der Hauptgründe, warum sie gerne zur Schule gehen und sich dort wohlfühlen. Doch neben diesen motivationalen Gründen beinhaltet die soziale Dimension des Lernens das Potenzial, sich von anderen anregen zu lassen, sich mit anderen auseinanderzusetzen, seine sozialen Kompetenzen zu entwickeln und sich selbst bewusst zu werden.

Für Kinder und Jugendliche, die sich von der Mehrheit der Schüler*innen unterscheiden, sind die sozialen Begegnungen allerdings mit größerer Wahrscheinlichkeit als für ihre Mitschüler*innen beeinträchtigt. Gründe für die Erschwernisse können baulicher oder struktureller Art sein, z. B. wenn Menschen nicht der »Norm«-Größe entsprechen oder individuelle Formen der Fortbewegung (z. B. mithilfe eines Rollstuhls) nutzen. Auch können gegenüber diesen Schüler*innen deutlich häufiger Vorurteile und diskriminierendes Verhalten in den Schulen beobachtet werden, die zu Einsamkeit oder Isolation führen können.

Damit aus einem sozialen Nebeneinander ein gelingendes Miteinander wird, helfen manchmal Kleinigkeiten, die zu einem Unterschied in den sozialen Beziehungen führen können, wobei dem Unterricht als Ort der Beziehungsgestaltung die wichtigste Rolle zukommt.

Im vorliegenden Buch wurden einige theoretische Überlegungen vorgestellt, die die Grundlage für einen Baukasten darstellen, der die Handlungsebenen der Lehrkraft, des Unterrichts und der Schulorganisation fokussiert und Prinzipien benennt, die helfen können, das Potenzial sozialer Begegnungen zu erweitern bzw. zu eröffnen. Es wurde deutlich, das es manchmal nur kleine Impulse braucht oder eine Veränderung der eigenen Haltung ist, die dazu beitragen, einen konstruktiven Umgang mit Vielfalt zu entwickeln, sodass Kinder und Jugendliche sich gegenseitig anregen und die Perspektiven anderer erfahren.

Die konstruktive Gestaltung sozialer Lernsituationen meint in diesem Sinne aber nicht nur, Barrieren abzubauen und die Personen als Teil der Klasse gleichwertig zu behandeln. Sie meint vielmehr auch, die Ressourcen aller wertzuschätzen und eine Klassengemeinschaft entstehen zu lassen, die die Fähigkeiten der einzelnenen Schüler*innen der Klasse weitaus übertrifft. Eine vielfältige Klasse übertrifft das Potenzial des Einzelnen um ein Vielfaches!

Ich hoffe, diese Überzeugung konnte im vorliegenden Buch deutlich werden. Neben einer grundlegenden Darstellung von Theorie und empirischer Wissenschaft zum Thema »soziales Miteinander in inklusiven Klassen« wurde mithilfe unterschiedlicher Beiträge von Lehrkräften, Referendar*innen und Studierenden eine Ideensammlung präsentiert, die verdeutlichen soll, wie sich viele Akteur*innen für die Gestaltung sozialer Prozesse engagieren. Die Beispiele sind unterschiedlich in ihrer Komplexität und ihren Methoden und hätten nie von einer Person allein entwickelt werden können. Sie sollen anregen und motivieren, das eigene Angebot im Hinblick auf die beziehungsgestaltende Wirkung zu reflektieren und selbst passende Maßnahmen sowie Tipps zu entwickeln.

An dieser Stelle möchte ich allen Personen danken, die an diesem Buch mitgewirkt haben: Dies sind vor allem die Lehrer*innen der Regel- und Förderschulen, die Referendar*innen und meine Studierenden, die in den letzten drei Jahren von ihren erfolgreichen Maßnahmen berichtet haben. Diese Impulse sind das Herz des Buches und waren Grundlage für die entstandenen Tipps. Auch möchte ich den Kolleg*innen an den Hochschulen danken, die mich mit dem Projekt unterstützt haben, den Studierenden, die als Hilfskräfte an dem Projekt mitgearbeitet haben, sowie dem Verlag, der mich auf dem Weg mutig unterstützt und motiviert hat. Zu guter Letzt wäre das Buch aber nicht ohne die Unterstützung meiner Frau Annette Walter entstanden, die nicht nur mit ihren Illustrationen, Geschichten und Rückmeldungen das Buch bereichert hat.

Ihnen allen sei herzlich gedankt!

6 Literatur

Allport, G.W. (1954). The nature of prejudice. Reading: Addison – Wesley.

Aronson, E., Wilson, T.D. & Akert, R.M. (2014). Sozialpsychologie. Hallbergmoos: Pearson.

Boban, I. & Hinz, A. (2003). Index für Inklusion. Lernen und Teilhabe in der Schule der Vielfalt entwickeln. Online unter: www.eenet.org.uk/resources/docs/Index%20German.pdf (letzter Zugriff am 22.08.2020).

Booth, T. & Ainscow, M. (2019). Index für Inklusion. Ein Leitfaden für Schulentwicklung. Weinheim und Basel: Beltz.

Bronfenbrenner, U. (1981). Die Ökologie der menschlichen Entwicklung. Stuttgart: Klett.

Crisp, R.J. & Turner, R. N. (2009). Can Imagined Interactions Produce Positive Perceptions? Reducing Prejudice Through Simulated Social Contact. American Psychologist 64 (4), S. 231–240.

Deutsches Institut für Medizinische Dokumentation und Information DIMDI (2005). ICF – Internationale Klassifikation der Funktionsfähigkeit, Behinderung und Gesundheit. Köln: DIMDI.

Ditton, H. (2000). Qualitätskontrolle und Qualitätssicherung in Schule und Unterricht. Ein Überblick zum Stand der empirischen Forschung. In: A. Helmke, W. Hornstein, E. Terhart (Hrsg.), Qualität und Qualitätssicherung im Bildungsbereich. Zeitschrift für Pädagogik, 41. Beiheft, S. 73–92.

Ditton, H. (2009). Schulqualität – Modelle zwischen Konstruktion, empirischen Befunden und Implementierung. In: J. v. Buer & C. Wagner (Hrsg.), Qualität von Schule. Ein kritisches Handbuch. Frankfurt: Peter Lang, S. 83–92.

Dörpinghaus, A. & Uphoff, I. K. (2011). Grundbegriffe der Pädagogik. Darmstadt: WBG.

Festinger, L. (1954). A theory of social comparison processes. Human Relations, 7, S. 117–140.

Garrote, A., Sermier Dessemontet, R. & Moser Opitz, E. (2017). Facilitating the social participation of pupils with special educational needs in mainstream schools: A review of school-based interventions. Educational Research Review, 20, S. 12–23.

Gasteiger-Klicpera, B. & Klicpera, Ch. (2008). Förderung der sozialen Inklusion. In H. Eberwein & J. Mand (Hrsg.), Integration konkret. Begründung, didaktische Konzepte, inklusive Praxis. Bad Heilbrunn: Klinkhardt, S. 137–153.

Geiger, W. & Kotte, W. (2008). Handbuch Qualität. Grundlagen und Elemente des Qualitätsmanagements: Systeme – Perspektiven. Wiesbaden: Vieweg.

Grawe, K. (2004). Neuropsychotherapie. Göttingen: Hogrefe.

Green, N. & Green, K. (2005). Kooperatives Lernen im Klassenraum und im Kollegium: Das Trainingsbuch. Seelze-Velber: Kallmeyer.

Hehir, T. & Katzmann, L.I. (2012). Effective Inclusive Schools: Designing Successful Schoolwide Programs. San Francisco: John Wiley & Sons.

Heid, H. (2009). Qualität von Schule – Zwischen Bildungstheorie und Bildungsökonomie. In: J. v. Buer & C. Wagner (Hrsg.), Qualität von Schule. Ein kritisches Handbuch. Frankfurt a. M.: Peter Lang, S. 55–66.

Heimlich, U. & Kahlert, J. (2014). Inklusion in Schule und Unterricht. Wege zur Bildung für alle. Stuttgart: Kohlhammer.

Hemmingsson, H., Lidström, H. & Nygård, L. (2009). Use of assistive technology devices in mainstream schools: Students' perspective. American Journal of Occupational Therapy, 63 (4), S. 463–472.

Huber, C. (2006): Soziale Integration in der Schule?! Eine empirische Untersuchung zur sozialen Integration von Schülern mit sonderpädagogischem Förderbedarf im Gemeinsamen Unterricht. Marburg: Tectum.

Huber, C. (2019). Fachbeitrag: Ein integriertes Rahmenmodell zur Förderung sozialer Integration im inklusiven Unterricht. Sozialpsychologische Grundlagen, empirische Befunde und schulpraktische Ableitungen. Vierteljahresschrift für Heilpädagogik und ihre Nachbargebiete, 88 (1), S. 27–43.

Kahlert, J. & Kazianka-Schübel, E. (2016). Inklusionsorientierter Unterricht. In: U. Heimlich, J. Kahlert, R. Lelgemann & E. Fischer. Inklusives Schulsystem. Analysen, Befunde, Empfehlungen zum bayerischen Weg. Bad Heilbrunn: Julius Klinkhardt, S. 37–60.

Keller, H. (2011). Kinderalltag. Kulturen der Kindheit und ihre Bedeutung für Bindung, Bildung und Erziehung. Heidelberg: Springer.

Lelgemann, R., Lübbeke, J., Singer, P. & Walter-Klose, C. (2012). Forschungsbericht. Qualitätsbedingungen schulischer Inklusion im Förderschwerpunkt körperliche und motorische Entwicklung. Online unter: www.uni-wuerzburg.de/fileadmin/06040400/downloads/Forschung/Forschungsbericht_uni_wuerzburg_fertig.pdf (letzter Zugriff am 15.08.2020).

Mittendrin e.V. (2011). Alle mittendrin! Inklusion in der Grundschule. Mülheim an der Ruhr: Verlag an der Ruhr.

Mittendrin e.V. (2013). Alle mittendrin! Inklusion in der Grundschule. Mülheim an der Ruhr: Verlag an der Ruhr.

Moser, V. (2013). Die inklusive Schule. Standards für die Umsetzung. Stuttgart: Kohlhammer.

Moser, V. & Egger, M. (Hrsg.) (2017). Inklusion und Schulentwicklung. Konzepte, Instrumente, Befunde. Stuttgart: Kohlhammer.

Papoušek, M. (2001). Vom ersten Schrei zum ersten Wort. Anfänge der Sprachentwicklung in der vorsprachlichen Kommunikation. Bern: Huber.

Reich, K., Asselhoven, D. & Kargl, S. (Hrsg.) (2015). Eine inklusive Schule für alle. Das Modell der Inklusiven Universitätsschule Köln. Weinheim und Basel: Beltz.

Schmidt-Denter, U. (2005). Soziale Beziehungen im Lebenslauf. Lehrbuch der sozialen Entwicklung. Weinheim und Basel: Beltz PVU.

Schneider, W. & Hasselhorn, M. (2012). Frühe Kindheit (3–6 Jahre). In W. Schneider & U. Lindenberger (Hrsg.), Entwicklungspsychologie. Weinheim und Basel: Beltz, S. 187–209.

Schneider, W. & Lindenberger, U. (Hrsg.) (2018). Entwicklungspsychologie. Weinheim und Basel: Beltz.

Schwarzer, G. & Jovanovic, B. (2015). Entwicklungspsychologie der Kindheit. Stuttgart: Kohlhammer.

Selman, R.L (1981). The child as a friendship philosopher. In: S. R. Asher & J. M. Gottman (Eds.), The development of children's friendship. New York: Cambridge University Press.

Simoni, H. (2004). Kleinkinder im Kontakt mit andern Kindern und mit Erwachsenen. <undKinder>, 74 (23), S. 31–44.

Slavin R.E. (1995). Cooperative learning. Boston: Allyn and Bacon.

Steins, G. (2014). Sozialpsychologie des Schulalltags: Band I: Grundlagen und Anwendungen. Lengerich: Pabst Science Publishers.

Tajfel, H., & Turner, J. C. (1979). An integrative theory of intergroup conflict. In: W. G. Austin & S. Worchel (Hrsg.), The social psychology of intergroup relations. Monterey, CA: Brooks Cole, S. 33–47.

United Nations (2008). Übereinkommen über die Rechte von Menschen mit Behinderung. Bundesgesetzblatt, 2008, Teil II 35, 1419–1457.

Viernickel, S. (2004). Entwicklung sozialer Kompetenz durch frühe Gleichaltrigenkontakte. <undKinder>, 74 (23), S. 5–14.

Walter-Klose, C. (2012). Kinder und Jugendliche mit Körperbehinderung im gemeinsamen Unterricht. Befunde aus nationaler und internationaler Bildungsforschung und ihre Bedeutung für Inklusion und Schulentwicklung. Oberhausen: ATHENA-Verlag.

Walter-Klose, C. (2015a). Empirische Befunde zum gemeinsamen Lernen und ihre Bedeutung für die Schulentwicklung. In: R. Lelgemann, P. Singer & C. Walter-Klose (Hrsg.), Inklusion im Förderschwerpunkt körperliche und motorische Entwicklung. Stuttgart: Kohlhammer, S. 111–148.

Walter-Klose, C. (2015b). Die Schule vom Kind aus denken – Ein Leitfaden für die Inklusion von Schülerinnen und Schülern mit körperlicher Beeinträchtigung. In: R. Lelgemann, P. Singer & C. Walter-Klose (Hrsg.), Inklusion im Förderschwerpunkt körperliche und motorische Entwicklung. Stuttgart: Kohlhammer, S. 188–202.

Walter-Klose, C. (2016). Komm, lass uns Freunde sein! Förderung des sozialen Miteinanders von Schülerinnen und Schülern in inklusiven Bildungsangeboten. Zeitschrift für Heilpädagogik, (10), S. 474–485.

Walter-Klose, C. (2020a). Körperbehinderung [online]. socialnet Lexikon. Bonn: socialnet, 10.10.2020. Verfügbar unter: www.socialnet.de/lexikon/Koerperbehinderung (letzter Zugriff am 17.11.2020).

Walter-Klose, C. (2020b). Perspektiven für die Gestaltung inklusiver Arbeitswelten. In: Betriebliche Prävention 132 (06/2020), S. 246–251.